JN092372

中村光博

「駅の子」の闘い

戦争孤児たちの埋もれてきた戦後史

GS 幻冬舎新書 580

「駅の子」の闘い／目次

図版・DTP　美創

プロローグ

――たった70年前、ここに孤児たちがいた

偶然始まった「駅の子」の取材

4年以上にわたり、戦争で親を亡くした戦争孤児の取材を続けてきた。その中でも特に力を入れて追ってきたのが、昭和20年8月に敗戦を迎えた日本で、行き場をなくして路上生活をすることになった孤児、「駅の子」たちについてだ。

取材の始まりは偶然だった。NHKで報道番組のディレクターをしている私は、2015年1月、当時所属していた大阪放送局で、日本で初めて直下型地震が現代都市を襲った阪神・淡路大震災から20年となるタイミングに合わせ、NHKスペシャル「都市直下地震 20年目の警告」という番組を制作。放送を終えると、すぐに次に取り組むべき、番組の題材探しを始めていた。

2015年という年は、1月に阪神・淡路大震災から20年という節目があっただけではなく、8月は未曽有の被害を出した太平洋戦争の終戦から70年となる節目でもあり、新聞やテレビ、雑誌では年明けから「戦後70年」というキーワードが頻繁に使われるようになっていた。大阪放送局でも、その節目に戦争関連の番組を制作できないかという話が持ち上がり、戦争について考える番組を企画・制作すべく、「切り口」を探し回る日々を送っていた。

そんな折、太平洋戦争について地元の歴史研究者らが研究成果を発表する勉強会が京都であると聞き、参加させてもらった。関西における、太平洋戦争についての地道な調査・研究発表が続く中、立命館宇治中学校・高等学校で現代社会を教えている本庄豊先生が、国鉄・京都駅前の広場で撮られた少年の写真を発掘したことについて発表した。破れた帽子をかぶり、「キャメル」という銘柄のタバコの空き箱を手に持ち、少しはにかんだような表情を見せる少年の写真。撮影されたのは終戦直後。戦争によって親を亡くし、住む場所も失った戦争孤児と見られるという。

京都駅前の「駅の子」（写真提供：積慶園）

本庄さんは、京都は大規模な空襲を免れたことから、京都駅の駅舎が残り、雨風をしのぐ場所を求める戦争孤児たちが全国から集まってきたこと、京都では、彼らのことを「駅の子」と呼ぶ人がいたことも発表した。

そして、自分が受け持っている中学と高校の授業で、「戦争孤児」のことを取り上げてみたところ、戦争についてそれほど関心の高くなかった生徒たちが、熱心に授業を聞くようになった。そうした経験から、戦争について学ぶ教材としても、大きな可能性があると感じていると続けた。

また、日本の戦後史を授業で扱う際に、戦争が終わったら平和憲法のもと復興を果たし、高度経済成長を成し遂げたという明るい側面ばかりを強調してきたが、その裏では戦争孤児をはじめ、終戦後も苦しみ続けていた人がたくさんいたことを十分に伝えてこなかったのではないか、という反省も口にした。

本庄さんの授業を受けた生徒たちと同じように、私も少年の写真を見せてもらった直後から、当時の子どもたちに一体何があったのか、もっと知りたいと強く思った。これまで復興や経済発展など、戦後の明るい側面ばかりに目が向けられてきたという指摘にもはっとさせられた。

取材からの帰り道、京都駅を通った。歴史的な町並みと対照をなすかのように現代的な建物に建て替えられ、多くの外国人観光客で賑わう京都駅。70年前、親も住む場所も失い、行き場をなくした子どもたちがここで路上生活をしていたことがとても生々しく感じられたことを、いまでもはっきりと覚えている。

「70年も前の戦争」ではなく、「たった70年前に」、ここに別世界が広がっていたのだ。いつも利用している「駅」という身近な場を通して、終戦直後に起こっていたことと「いま」とが、私の中で結びついた。

戦争孤児の保護は日本の児童福祉の原点

早速、本庄さんに写真が見つかった場所を教えてもらい、訪ねることにした。保管していたのは、京都市西京区にある「積慶園」という児童養護施設だった。園長の古村正さんが、その写真を事前に用意して、取材に応じてくれた。

「終戦直後、京都駅前にハトヤホテルというホテルがあったんです。これはそのホテルの付近で撮られたものです。この少年がうちの施設に入っていたのかは、はっきりは分からないのですが、当時、うちの施設では、こうした子どもたちの保護をしていたんです。積慶園は、京都市における戦争孤児の収容施設第1号だといわれているんです」

終戦直後の昭和20年9月に設立された積慶園。写真に写っている少年のように、行き場をなくし、京都駅の待合室や駅周辺にたむろする戦争孤児たちを保護するために設立されたのだという。

設立したのは、古村さんの父親である正樹さん。設立直後から、京都駅周辺で路上生活をしていた子どもたちが保護され、毎日のようにトラックの荷台に乗せられて連れてこられていたという。当時、小学生だった古村さんも、父に連れられて、京都駅前での子どもたちの保護を見にいったことが何度かあるそうだ。当時、駅前には、かなりの数の「駅の子」たちがたむろしていたことを覚えていた。

「京都の玄関口である京都駅には、大阪や神戸など空襲で大きな被害を受けた関西の都市だけでなく、名古屋や東京などからも家を失ったと見られるたくさんの人がやってきていました。戦争孤児も列車に乗って流れ着いて、駅の待合室なんかを占拠してしまっていました。

大きな空襲を受けなかった京都に行けば、旅行者がいて、荷物も持っているから金が手に入る、食べ物に困ることもない、といった噂が当時広まっていたようで、いろんなところから子どもたちが集まってきて群がっていたのだと思いますね。

旅行者に対して『もう何日も何も食べていないから、腹ぺこだ、食べ物をくれ』と言って物乞いをしたり、あるいは、隙を見ては旅行者のハンドバッグなどをかっぱらって逃げる、など悪いことをする子どももいましたよ。

旅行者の中には、子どもたちをかわいそうに思って弁当箱を開けておにぎりを差し出したり、パンをあげたりする人もいましたが、怒って追い払う大人もいましたよ。『向こう行け』『うるさい』など怒ったような声も再三聞きました」

当時、父の正樹さんは、市役所や警察など行政とも協力し、路上で暮らす子どもたちを定期的に保護していた。抵抗する子どもたちをなんとか捕まえ施設に連れてきて、風呂で汚れきった体をきれいにしてご飯を食べさせてあげても、すぐに逃げ出し再び路上生活へと戻っていってしまうことがしょっちゅうだったという。

「子どもたちを連れてきても、施設で一夜を過ごすと、翌朝には半分に減っているということの繰り返しでしたよ。当時は、逃げることを『とんこ』と呼んでいたのですが、父が『また半分がとんこしていなくなってしまった』とよく嘆いていたのを覚えています」

父親を困らせる、自分と同じくらいの年齢の「駅の子」たち。古村さんは彼らに対し、当時、あまりいい印象を持っていなかったという。

「私より大きい子どももいましたし、小さい子どももいたんですけど、正直に言いますと当時は、いい感情はあんまり持っていなかったんです。世話をしようとする父親に対して、蹴飛ばしたり、暴言を吐いたりする子どももたくさんいましたから。私としては自分の親父に何ということをしてくれるんだ、と思ってしまいました……」

当時、戦争の影響で親を失い、行き場を失った子どもたちの保護を目的にしてつくられた施設は積慶園だけではなかった。古村さんは、「戦争孤児の保護がきっかけで設立され、その後児童養護施設となった施設はとても多い」と教えてくれた。

実際に、ホームページなどで公開されている全国各地の児童養護施設の沿革を調べてみると、終戦後に、戦争孤児の保護を目的につくられたとされる施設が次々と見つかった。今日、児童虐待など様々な事情で親と暮らすことができなくなった子どもたちを受け入れ、生活する場となっている多くの児童養護施設のルーツが、終戦後の戦争孤児を保護したことにある。戦争孤児の保護が、今日の日本の児童福祉の原点ともなっていたのだ。

これまで全く意識したことのないつながりで、とても意外に感じられた。日本の児童福祉政策の原点ともなった戦争孤児たちが、戦後どのような状況に置かれていたのかを知りたい。一枚の写真をきっかけに、本格的に取材を始めることにした。

戦後史の空白を埋めていく

想像はしていたものの、取材は簡単には進まなかった。そもそも、戦争孤児だった過去を明かしている人は多くない。ましてや、親を亡くした後に行き場を失い、駅の地下道などで雨露をしのぎながらその日暮らしをする「駅の子」の経験を明らかにしている人は、ほとんどいないのだ。

たとえば、数年前に駅でホームレスをしていた人を見つけ、その経験について聞かせてもらうという取材が簡単ではないことは、想像してもらえると思う。それよりはるか昔、70年も前の終戦直後に全国各地の駅で暮らしていた子どもたちを探し、詳しく話を聞かせてもらうことは困難を極めた。

わずかな手がかりをもとに、なんとか所在が判明し、連絡がとれた場合でも、「いまさら何も話すことはない」「過去は思い出したくない」「連絡をよこしてくれるな」など、自分の過去について、口を閉ざす人が相次いだ。一度は取材に応じると言ってくれても、数日後に、「よく考えてみたが、やっぱり応じることはできない」と、話すのをためらう人もいた。戦争孤児たちが抱えている問題が根深いことを突きつけられる日々が続いた。

だがそんな中、自分が話をしなければ苦しみを抱えて生きてきた戦争孤児の歴史が埋もれてしまうという危機感から、覚悟を決め、テレビカメラの前で証言してくれる人たちも少しずつ現れた。

取材によって徐々に明らかになってきた孤児たちの壮絶な経験を、一人でも多くの人たちに伝えたい。そういう思いから、2018年8月、NHKスペシャル「〝駅の子〟の闘い～語り始めた戦争孤児〜」という番組を制作した。さらに、その拡大版として、同年12月にはBS1スペシャル「戦争孤児〜埋もれてきた〝戦後史〟を追う〜」というタイトルをつけ、99分のドキュメンタリー番組も制作した。

NHKスペシャルの番組放送中には「駅の子」という言葉がツイッターでトレンド入りし、放送後には、私の想像をはるかに超える反響が各方面から寄せられた。その背景には、孤児たちが置かれていた過酷な状況、その後の人生における不条理などが、これまであまり注目されてこなかったことがあったのではないかと思う。

夏になると毎年のように再放送されてきたアニメ映画『火垂るの墓』で描かれた兄と妹の苦境などで、戦争孤児の存在や苦しみなどについては、多くの人が漠然としたイメージは持っているだろう。しかし、戦争孤児について、ましてや路上生活に追い込まれた子どもたちについては、これまでアカデミズムの研究や、メディアでも本格的には取り上げられてこなかった。いわば日本の戦後史の中の空白地帯となり、これまで置き去りにされてきた分野だったのだ。

この戦後史の空白を少しずつでも埋めていく作業は挑戦的で、とても意義のあることではないか。そういう思いで取材を続けてきた。

番組の制作に向けての取材では、戦争孤児の方々に、何日にもわたって話を聞かせてもらい、あらためてカメラでの撮影にも協力してもらった。しかし、実際に番組で紹介できたのは、放送時間の制約でそのほんの一部にすぎない。自分の過去を晒し、周囲に迷惑をかけるかもしれないというリスクを引き受け、後世に伝えていかなくてはならないという使命感から記録させてくれた証言を、この本では可能な限りたくさん紹介しようと思う。そのことで、戦争孤児たちの、空白とされてきた戦後史を埋める一助になればと思っている。

第一部　戦争が終わって闘いが始まった

――焼け野原に放置された「駅の子」

神戸空襲で「駅の子」になった
——内藤博一さん

空襲で家も財産もすべて失う

「駅の子」の経験について、最初に取材に応じてくれたのは、神戸市に暮らす内藤博一さん（85歳、昭和8年生まれ）だった（年齢は放送当時のもの。以下同）。

小学生のときに神戸空襲を経験した内藤さんは、毎年一回、地元の小学校に招かれ、自身の空襲体験について講演をしていた。内藤さんの講演を聞いた人の感想を紹介しているホームページに、「戦争で親を亡くした後、子どもだけの路上生活。まるで映画『火垂るの墓』のような話だった」という主旨の記述があるのを見つけ、その情報を頼りに、内藤さんを探し取材を依頼。会って話を聞かせてもらえることになった。自宅は、神戸市西区の閑静な住宅街にあった。インターフォンを鳴らすと、笑顔で玄関から出てきてくれた。

「わざわざ遠いところまでありがとうございます」

そう言って、迎えてくれた内藤さん。その優しい口調がとても印象的だった。家の中に案内されると、畳の部屋にある大きな仏壇が目についた。ここで仏壇に手を合わせ、亡き母に挨拶をし、家族の様子などを毎日欠かさずに報告しているという。

「駅の子」の取材を始めようと思った経緯を簡単に説明させてもらい、内藤さんの経験を聞かせてほしいとあらためてお願いすると、しばらくの沈黙の後、内藤さんは「分かりました」と言った。これまで、空襲体験については地元の小学生などに語ってきたが、孤児になってからの経験はほとんど語ってこなかったという。

「戦災孤児であったということを世間一般に知られたくないんです。ほとんど語りたくないんですよ、みんな。かつての仲間たちに連絡をしても、返事もないんです、ほとんどの人は隠して生きているから」

内藤博一さん（写真提供：NHK）

神戸市で生まれた内藤さんは、母子家庭で育った。父の記憶はないが、映画界の実力者だったと聞かされたことがある。そのためか、母は神戸市の春日野道にある小さな映画館の実質的な運営を任されていたようだ。

学校が終わると、母が切り盛りする映画館の2階にある座敷の部屋に直行し、倉庫代わりになっていた押し入れに山積みになっている上映済みのフィルムを眺めるのが大好きだった。普通は目にすることができない映画のフィルム。その珍しさから「見せてほしい」と、学校の友達が毎日のように自宅についてきたことは、内藤さんの自慢だった。

母は女手一つで子どもたちを養うために、休みなく働いていたが、子どもたちには、いつでも優しかった。時々、休日に妹と一緒に、神戸の繁華街にあった食堂に連れていってもらい、腹いっぱいになるまで食べさせてもらったことが、家族で過ごした平和な日々の思い出として刻まれている。

しかし、昭和20年6月5日、神戸を狙ったアメリカ軍による空襲で、幸せだった日々がすべて奪われた。

三菱造船所や神戸製鋼所などが大きな工場を構える日本の軍事産業の一大拠点であり、世界とつながる貿易港としても重要な役割を果たしていた神戸。昭和20年になると3月、5月と、大規模な空襲の標的になり、神戸の市民たちはアメリカ軍の容赦ない空襲の恐ろしさを身をもって体験していた。

そして、3回目の大規模な空襲となった6月5日。朝6時過ぎから、神戸の町に警報が響き渡り、7時半を過ぎた頃、350機を超えるB29が一気に神戸上空を襲った。

内藤さんは、当時、小学6年生の12歳。空襲が始まると、すぐに家を飛び出し、恐怖の中、何も考えずに必死になって逃げた。

「焼夷弾《しょういだん》っていうのはね、落ちてくると夕立のときのようなザーッていう音がするんですよ。そのザーッという音が聞こえ出すと、逃げている人はみな反射的に道路にばばばっと体を伏せてね。攻撃が落ち着いた隙を見て、またみな一斉に逃げ出すわけなんですけど、私が逃げるために立ち上がったら、伏せていた人のもう3分の2は立ち上がらないまま。焼夷弾の直撃を受けて、みな死んでました。

そんな状況で、タイミングを見てまた逃げ始めるのだけど、猛烈な熱さに襲われて息ができないんですよ。私はとっさに防火用水がためてあったところに、服のままザブンとつかってね、それでまた火の海の中を逃げていきました。それでも、どうも足の方が熱いぞと思って見てみると、靴が地面の熱さで溶けて、靴底が全部なくなってしまっているんですよ。足の裏は全部やけどしていました」

当時、学童集団疎開によって、同級生たちは神戸を離れ、田舎で生活していた。内藤さんは、体が弱く、どうしても母親から離れたくないと言って、地元神戸に例外的に残っていたのだ。本来なら、疎開先に避難していて神戸を離れていたはずの12歳の少年が体験した、神戸空襲の貴重な証言だ。

3回目となる6月5日の空襲は、神戸に壊滅的な被害を与えた。町は焼き尽くされ、３００0人以上が命を奪われた。

命こそ助かったものの、一緒に逃げていた母と途中ではぐれてしまい、気づいたら一人になっていた。焼けてしまった自宅の跡地や通っていた小学校など、母が避難していそうな場所を必死で探し回ることおよそ1週間、別の地域の小学校を訪ねてみると、避難している人たちのために調理をしている女性たちの中に、母の姿があった。母もすぐに、内藤さんに気がつき、駆け寄ってきた。

「よう生きとったね。必ずどこかで生きていると信じていた」

母はそう言って強く抱きしめた。内藤さんも張り詰めていた緊張が解け、声を上げて泣いた。しかし、家を失い、財産もすべてなくした母は、激しく落ち込み、途方に暮れた様子だった。

母を目の前で亡くし「駅の子」に

母に連れられて向かったのが三宮駅。国鉄だけでなく阪急、阪神などの私鉄も通る交通の要であり、当時から昼夜問わず賑わっている神戸の中心地だ（国鉄の表記は「三ノ宮」）。人が多く集まる場所に行けば食料なども手に入りやすく、生きていけるのではないかと考えやってきたものの、現実は甘くはなかった。食べる物はほとんどなく、飢えに苦しむ日々が始まった。

寝床にしたのは、三宮駅の待合室。母は、内藤さんがお腹をすかせないようにと、日中、神戸の中心地を歩き回り、毎日どこからか、その日に食べる一人分の食料を入手して、待合室で待つ内藤さんに持ってきてくれた。内藤さんは、母が手に入れてきた食べ物を夢中で食べ、腹を満たした。

しかし、母は、先の見えない路上生活による心労に加えて、食事もほとんどすべてを内藤さんに与え、相当な無理をしていたのだろう。体調を崩して、日を追うごとに衰弱していった。

「母親はゴミ箱をあさって食べ物があったらそれを持ってきて、私に食べさせてくれる。私はそれを食べてなんとか過ごしていたんですけれども、母親は自分が全く食べないから栄養失調にかかってどんどん細くなってしまったんです。そんな中、絞り出すような声で『妹が疎開しているから、必ず迎えにいってやってくださいよ』と言われてね。それが私の母親との最後の会話になってしまったわけなんです。

つないでいた手もだんだん冷たくなっていくのが分かるんで。一生懸命、『お母ちゃん、お母ちゃん』と呼んだけども、もう、それが最後で亡くなった。畳の上で死なせてやりたかったなという気持ちを、いつも持ってるんです」

三宮の駅舎で、母を目の前で亡くしても、内藤さんに、悲しみにひたっている余裕などなかった。一人になり、「駅の子」として自分の力だけで生きていかなければならなかったからだ。生きるために必死な毎日を過ごすうちに、いつの間にか戦争は終わっていた。秋になると、母との最後の約束を守るために、疎開から帰ってきた妹を地元の小学校に迎えにいった。どのように母の死のことを伝えればいいのか、ただただ気が重かった。久しぶりに元気そうな妹の顔を見て安心はしたものの、母の死のことだけはどうしても言い出せなかった。

空襲で自宅は全焼してしまい、仕方なく三宮駅の待合室で寝泊まりをしていることを伝えると、妹もすべてを察したようで、それ以上は聞いてこなかった。母がどのように亡くなったのか、今日まで妹に直接話したことはないという。

「駅の子」としての生活に妹も加わった。これまで自分の世話をしてくれた母親の代わりを果たさなければならなくなった内藤さん。妹を食べさせていくためには、手段を選んでいる場合ではなく、物乞いだけでなく、ときには、盗みをすることもあったという。

当時の様子を聞くために、私は内藤さんとともに三宮へと向かった。三宮駅の南側、買い物客でいつも賑わっているメインストリート、三宮センター街に来ると、内藤さんの記憶が蘇ってきた。当時、ここには巨大な闇市ができていて、内藤さんの食料の調達場所となっていたという。

「えーと、終戦直後からすでに、ここから全部が闇市だったんですね。地面に机を置くとか、そういうような感じで店をつくって、ずーっと向こうの方まで並んでいました。私はそこに並べられた商品を黙って盗《と》って、急いで逃げるとかしていました。もう悪に関しては絶対やらないと食べられへんしね。悪いとは分かっているんだけども、妹と二人で生きていくためには、そうしないといかんと思ってね」

闇市は大勢の人で賑わっていたが、終戦直後の混乱期で、警察すら手をこまぬく無法地帯の様相を呈していた。やくざや外国人の集団が互いを牽制し合うことで、かろうじて秩序が保たれていたと内藤さんは言う。

そんな闇市で出会った浮浪者の男性が、内藤さんきょうだいの境遇を案じてか、とてもかわいがってくれた。そして「生きていくためにスリというものを教えたる」と言って、その手口を教えてくれた。

特に丁寧に教えてくれたのは、当時「チャリンコ」と言われていた手法。カミソリの刃の部分を指と指の間にはさみ、通行人のハンドバッグやナップサックの底の部分をすれ違いざまに切り裂き、路上に落ちた財布などの貴重品を拾って逃げる、というものだった。小銭が落ちる「チャリン」という音からそう呼ばれていたのだろうか。

内藤さんも必要なときには、「チャリンコ」に手を出したという。

終戦後の混乱の中で、自分が生きていくために、そして妹の命を守りぬくために、12歳の少年が、文字通り、悪いことでも何でもしなければならないほど追い込まれていた。内藤さんの穏やかで優しい口調と、その証言の過激な内容とのギャップが強く印象に残った。

“戦災こじき”と呼ばれて

駅での暮らしを始めて半年経った頃、内藤さんは、一人の男性から度々声をかけられるようになった。しかし、当初は強い不信感から目も合わせず、口もきかないようにしていた。

というのも、当時、「人さらいが子どもたちを物色しているから気をつけろ」という噂が広まっていたからだ。温かいご飯が食べられるという誘いに釣られてついていくと、「サーカスに売り飛ばされ一生働かされる」「監禁されて怖い目に遭わされる」、といったことが子どもたちの間でしきりに噂され、恐れられていたという。

男性は、断られても、「ここにいては寒くて体を壊してしまう。学校に行かないのも良くないので、ついてこないか」と何度も何度も内藤さんを誘った。声をかけていたのは、熱心なキリスト教徒の川村秀蔵さんという篤志家だった。「駅の子」たちが路上で寝泊まりをし、生きるために悪事に手を染めざるを得ない状況に危機感を抱き、三宮駅にいる子どもたちを、近くの教会で保護する活動を始めていたのだ。

その様子があまりに熱心だったので、強い警戒心を持って拒否していた内藤さんも、「何かあればすぐに逃げ出すから大丈夫だ」と妹に言い聞かせ、ある日、ついていってみることを決めた。男性についていく道中も、何かあればいつでも逃げられるように、妹には常に少し距離を置いて歩くよう指示し、逃げて帰るときに迷わないようにと、道中、目印になるものを頭に刻んでいたという。

電車に乗ったり、坂道を歩いたりしてたどり着いたのは、山の上にある教会だった。教会では温かいご飯とふかふかの温かい布団が用意されていた。世話役の人たちもみな、内藤さんと妹を我が子のように扱ってくれた。スタッフに優しくしてもらい、うれしそうな顔をしている妹の顔を見て、内藤さんの警戒心も徐々に解け、しばらくここで暮らしてみようと思えるようになった。

川村さんは、その後も毎日のように「駅の子」たちを保護し、連れてきた。しばらくして、教会では入りきらなくなると、いまの阪急・御影駅近くの建物に場所を移した。この施設は、児童養護施設「信愛学園」として今日まで続いている。

施設に入ってからは、腹一杯とまではいかないものの、飢えの苦しみからは解放され、とりあえず、生命の危機と隣り合わせの生活からは脱することができた。そして、神戸空襲以来、行くことができていなかった小学校にも再び通わせてもらうことになった。しかし、学校に行ってみると、戦争孤児であるという現実を突きつけられた。同級生たちから「戦争孤児」ということで、バカにされ、からかわれたのだ。

「いまでいういじめですよ。それがあるんですよ。学校に行ってもね、生徒がみんなで、〝戦災こじき　戦災こじき〟と言うわけなんですよ。みんなで取り囲んで合唱のように言うんです。当時、お金がなくて、学校の給食なんかも無料で食べていたので、この子らは戦災孤児を集めた施設から来ていると、生徒たちみんなに、分かるわけですよ。

いつも〝戦災こじき　戦災こじき〟とからかわれてね。そう言われるとつらくって、よく学校から逃げて帰ってきよったね。先生はさすがにそういうことは言わなかったけれども、生徒たちが言ってるのを聞いても、よう止めなかったね」

もともと人一倍泣き虫で、母から離れることすらできない少年だった内藤さん。母を失い、落ち込んでいるところへ追い打ちをかけるような理不尽ないじめだった。

しかし、悔しくて泣いて帰ってくる内藤さんたちに対し、施設の先生たちは、厳しかった。「こんなんで泣いて帰ってくるやつがいるか。殴り倒してこい」とあえて厳しい言葉をかけ、再び学校に行くよう追い返した。それでも泣いて戻ってくると「もう一回行って倒してこい」と、決して許さなかった。戦争孤児として今後も直面するであろう困難を克服し、強く生きてほしいという、優しい思いからの厳しさだったのだと思う。

人の役に立つ仕事をしたいという思い

そんなつらい状況から内藤さんを救ってくれたのが、施設で出会った野球だった。学校から帰ると、同じ施設の仲間たちと夜遅くまで練習に打ち込んだ。次第に朝から晩まで野球のことしか考えない毎日を送るようになっていたという。

「いままで味わったことがないほど楽しいと感じることができて夢中になれた、それが一番じゃないかなあ。野球してたら何もかも忘れてましたね。母親のことも忘れられるし、自分が苦労してきたことも忘れられる。もうほんま、野球バカって言われても仕方がないくらいの野球好きになったものですからね」

戦争で親を亡くした子どもたちを激励したいと、有名なプロ野球選手も、度々、施設を訪れてくれた。内藤さんはいまでも、憧れていた阪神タイガースの監督兼投手の若林忠志さんが訪ねてきたときのことが忘れられないという。

「はっきりと覚えていますね、富樫選手という外野手と一緒に、阪神タイガースで監督兼ピッチャーの若林さんが来て、野球を教えてくれたんです。若林さんが七色の球を投げる投手だとか言われていた頃で、本当に憧れていた人が訪ねてきて、直接野球を教えてくれたというのがうれしかったですね」

以来、自分もプロ野球選手になって活躍したいという思いはさらに強くなり、ますます練習に打ち込むようになった。

その後中学に進学しても野球漬けの毎日。そして施設からは初めて高校への進学も果たし、そこでも野球にのめり込んだ。ポジションはショート。俊敏さを活かして、みるみる頭角を現していった。「自分で言ったらあかんやろうけど、一番うまかった」という内藤さん。

高校卒業後は、内藤さんの実力を買ってオファーを出してくれたノンプロチーム「東京クラブ」でプレーするために、東京に生活の拠点を移した。当時、ここでの活躍は、プロ野球選手への一番の近道とされていて、内藤さんはすぐにレギュラーの座をつかんだ。しかし、プロ選手になるという夢の実現も近いと思い始めた2年目のシーズンの途中で肩を痛めてしまい、まもなく契約は打ち切られた。孤児となった内藤さんを支えてきた、プロになるという夢が断たれた。

これまでプロ野球選手になることしか考えてこなかったため、自分が野球以外に何をしたいのか全く分からなかった。仕方なく地元の神戸に戻ってきたものの、働き口もなかった。当時、親がいない人は、信頼がないからまともな会社には就職できないという噂があり、実際に、施設の仲間たちが苦労していたことも知っていた。自身が育った信愛学園にお願いをして、しばらく手伝いをさせてもらった。

施設で働いている中で、「駅の子」だった自分がここまで一人前になれたのはいろいろな人に支えられてきたからだと感じるようになった。自分も人の役に立つ仕事がしたいという思いが強くなり、地元、神戸市のために働きたいと考えるようになったという。

噂されていたように、親がいないというだけで、選考から落とされてしまうのは納得できないと、当時の神戸市の幹部に手紙で問い合わせまでして熱意をアピールした。24歳のときに、念願の神戸市の職員として採用された。配属先は交通局。市営バスの運転手として、神戸の町をバスで走り回る日々を送ることになった。その間に結婚をして、3人の子どもにも恵まれ、定年まで市営バスの運転手として働いた。

いまも戦争が終わったとは思えない

内藤さんは、仕事をリタイヤしてからは、地元小学校の野球クラブの監督を務めたり、小学校で放課後に開放された子ども向けのスペースの見守りの活動をしたりして過ごしている。施設で育ててもらったことへの感謝の気持ちは、年を重ねるごとに強くなり、支えてくれた社会にその恩を返したいという思いからだという。

しかし、今日にいたるまで気持ちの整理がつかず、どうしても訪れることができない場所があるという。母が日に日に衰弱していき、亡くなった三宮駅の構内。駅の南側にある歩道橋を一緒に歩いているときに、駅の方を指さしながら、内藤さんが言った。

「あそこだけは、いまでも足が向きませんし、私はいまだにこの戦争が終わった、平和やなという気持ちは持ってません。持つことができないんです、まだやっぱり、戦争の悲しみを引きずっているみたいな感じでね。私みたいに、戦争で親を失った子どもの苦しみが今後あっては困るし、いまの子どもたちにね、そういうことは絶対に味わわせたくないと思いますよ」

映画『火垂るの墓』の主人公のような経験をした男性がいるという一片の情報を頼りに、話を聞かせてもらうことになった内藤さん。取材を終えた私は、当たり前ではあるが、映画で描かれているのは、あくまで戦争孤児の悲劇の一部であることを意識するようになっていた。

内藤さんの証言に触れてからあらためて映画を見返すと、神戸空襲の様子や家も親も失った子どもたちが直面した状況などは、徹底的なリサーチに基づき、ディテールにこだわって制作されていることがよく分かる。

しかし、映画で描かれているのは、妹を失った主人公の兄・清太が三宮駅で力尽きて亡くなるところまで。実際には、内藤さんは、その後も理不尽な困難にぶつかりながら、戦後をなんとか生きてきたのだ。そして、「いまだに戦争が終わったとは思えない」と吐露するように、心に負った深い傷はいまだに癒えず、いまも苦しみ続けている。

当時、各地の駅でその姿が目撃された子どもたち。彼らはどのように生活していたのか、何を思っていたのか、戦後をどのように生きたのか。「駅の子」たちについて知りたいと思うことがどんどん増えてきた。

上野駅で見た地獄
――金子トミさん

全国各地に孤児12万人

内藤さんのように戦争の影響で親を亡くした孤児は、全国でどれほどの数に上ったのか。その正確な人数は、よく分かっていないというのが実態だ。

唯一、国が全国的な調査を実施して算出したのが12万3511人という数字だ。厚生省が調査の方法を定め、昭和23年2月1日に、沖縄を除く都道府県で行った「全国孤児一斉調査」の結果だ。

この調査結果では、たとえば、取材を始めるきっかけとなった京都府の孤児は4608人。内藤さんが孤児になった神戸空襲のあった兵庫県では5970人。大空襲で焼け野原となった東京都は5830人。調査をした都道府県の中で一番多かったのは原爆投下のあった広島で、5975人となっている。

しかし、この12万人という数字は、終戦から2年半近く経って調査された人数だ。その日暮

戦争孤児の多かった都道府県（昭和23年2月1日時点）

都道府県	計	男	女	年齢別				
				1～2歳	3歳	4～7歳	8～14歳	15～20歳
広島	5,975	3,271	2,704	14	56	855	2,617	2,433
兵庫	5,970	3,285	2,685	16	29	588	2,807	2,530
東京	5,830	3,511	2,319	58	44	497	2,535	2,696
京都	4,608	2,522	2,086	12	29	489	2,084	1,994
愛知	4,533	2,474	2,059	10	11	478	2,154	1,880
大阪	4,431	2,642	1,789	26	6	329	2,100	1,970
岐阜	4,365	2,247	2,118	6	13	448	1,923	1,975
埼玉	4,043	2,199	1,844	11	23	404	1,854	1,751
福岡	3,677	2,097	1,580	34	54	491	1,754	1,344
茨城	3,628	2,100	1,528	4	16	382	1,763	1,463
全国計	123,511	68,487	55,024	554	719	13,213	57,731	51,294

「全国孤児一斉調査」（昭和23年2月厚生省児童局企画課調）をもとに作成

らしで一つの場所にとどまらず、各地を転々とする子どもたちが多かったことを考慮すると、どこまで正確な実態を捉えることができていたのか疑問も少なくない。

実際の孤児の人数は12万どころではなく、その数倍に上るのではないかと主張する人もいるが、それもあくまで推測であって、もはや誰にも正確なところは分からなくなってしまったというのが現実だ。

確実に言えるのは、戦争孤児は、関西だけでなく、調査の名称通り、全国各地にいたということだろう。そうしたことを踏まえ、関西で始めた取材を、全国へと広げることにした。

中でも、最初に取材すべきだと考えたのが、子どもたちが全国から集まる場所となっていた、「上野」で過ごしたことのある孤児だった。当時上野では、路上生活をする子どもたちは「浮浪児」と呼ばれていた。上野駅の地下道や上野公園をさまよう子どもたちの存在はメディアの報道などでよく知られていて、言ってみれば戦争孤児問題のシンボルともなっていた。

ＮＨＫにも「浮浪児をどうする」というタイトルの記録映画が残されていた（日本ニュース戦後編昭和21年7月4日）。闇市の人混みの中をさまよったり、上野公園で寝そべっていたりする姿を背景に、次のようなナレーションがつけられている。

「お寺の縁の下や焼け跡などで夜を過ごしたこの子どもたちは、日が高くなると食べ物を求め、楽しみを求めて闇市付近を放浪し、泥のようにその日その日を暮らしています。（中略）うち捨てられたこの子どもたちに、普通の法律や道徳は通用しません。だがこの子どもたちに責任があるでしょうか。侵略戦争がこの子どもたちから人並みの生活を奪い去ったのです。このような浮浪児がいま、刻一刻増えていきます。そして重大な社会問題と化しつつあります」

親戚に追い出されきょうだい3人で上野駅へ

上野で過ごした経験のある戦争孤児を探す中で、話を聞かせてもらうことになったのが、金子トミさん（88歳、昭和5年生まれ）という女性だった。

早速、ＪＲ横浜線の十日市場駅から歩いて10分ほどのところにあるアパートに暮らす金子さんを訪ねた。呼び鈴を鳴らすと、玄関で深いお辞儀をして私を迎え、部屋の中へと案内してくれた。夫を亡くしてからは、このアパートで独り暮らしをしているという。

リビングに通してもらうと、水が入ったじょうろが置いてあるのが目に入った。聞くと、ベランダの前のアパートの共有スペースにある花壇で花を育てていて、花がきれいに咲いたときに、近所の人に配って喜んでもらうのが楽しみなのだという。ダイニングテーブルへと移動し、いすに腰を下ろすと、金子さんが世話をしている花壇で、きれいに咲いたオレンジ色の花が、風に吹かれて揺れているのが見えた。

金子さんが淹《い》れてくれた熱いお茶を飲みながら、「駅の子」となるまでの経緯を聞かせてもらうことにした。戦争孤児となった経緯、そしてその後どのように生きてきたのか。覚えていることをすべて教えてくださいとお願いすると、金子さんは堰《せき》を切ったように話し始めた。

金子さんが生まれ育ったのは、当時の東京都城東区北砂町、現在の江東区にあたる下町だ。

父親は会社勤め。母は、地元の漁師から釣りのえさ用のゴカイをとる手伝いを頼まれていて、家の近くの荒川で、引き潮になるとゴカイとりをして家計を助けていた。金子さんも、時折、長靴をはいて母についていき、潮が引いた川底に落ちている小石や貝殻などをひっくり返して、

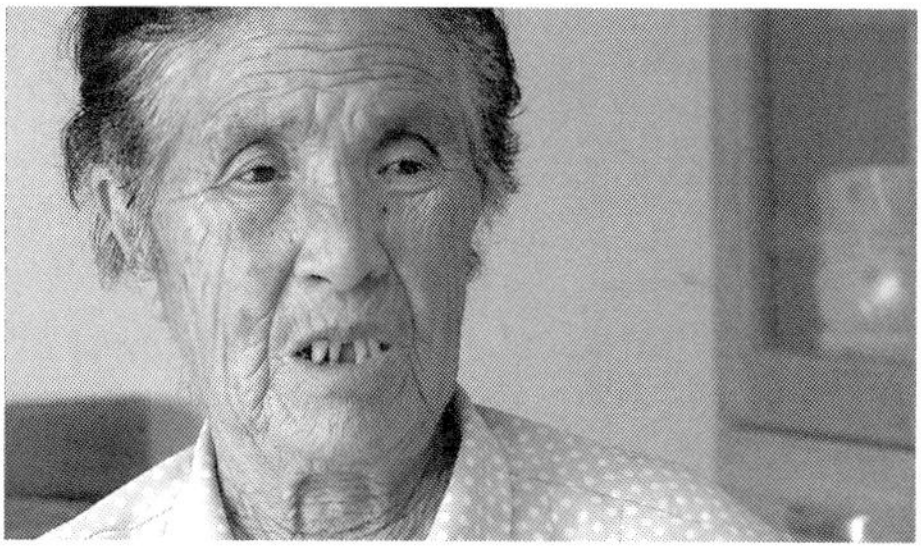
金子トミさん（写真提供：NHK）

ゴカイをとった記憶があるという。手伝いをすると、金子さんを買い物に連れていき、新しい服を買ってくれたことが、母との楽しかった思い出として残っているという。

昭和19年に入ると、東京では本土空襲に備えて疎開をする人たちが出てきた。

金子さん一家も、母の出身地であり、親戚が多く暮らす山形県の真《ま》室川《むろがわ》に父、母、弟と妹二人、合わせて6人で疎開することになった。

山形では、親戚宅のそばに小さな家を借りて、家族で慎ましく暮らしていた。東京とは違って、戦争の影響を日常的にはあまり感じないのどかな時間が流れていた。

しかし、終戦まであとわずかだった昭和20年8月。金子さん一家が暮らしていた家のそばにあった軍用機の練習用滑走路が突如、アメリカ軍のグラマン機によって攻撃を受けた。平穏な時間が流れていた真室川を襲った突然の攻撃から逃げようと、家を飛び出した金子さん家族。銃弾によって、逃げようとした母と一番下の妹が犠牲になった。しばらくして、父親も病気が悪化して亡くなり、金子さんきょうだいは突然、孤児となった。

小学2年生の妹、小学5年生の弟と3人だけ残された金子さん（当時15歳）は、少しの間世話になろうと親戚の家を訪ねた。しかし、終戦直後で生活は困窮していたのだろう。しばらくすると、叔母から、「子ども3人も面倒を見続けることはできないから、父方の親戚の世話になってほしい」と告げられてしまう。父方の親戚とは長い間、疎遠だったため、行ってみたところで、急に子どもを3人も一緒に受け入れることは難しいと分かっていた。

金子さんは、その気は全くなかったが、「父方の親戚宅に世話になることにします」と叔母に伝え、弟と妹を連れて山形を離れる覚悟を決めた。

「言葉には出しませんでしたが、心の中ではおばさんは鬼だと何度思ったか知れません。おばさんも生活が大変だったのだろうとは思いますが、当時は、なんてひどい人なんだとばかり思いました」

親戚宅を離れる日の朝、金子さんは、亡くなった母の実の弟である叔父さんに呼ばれた。戦争で親を失って落ち込んでいる姪っ子甥っ子を追い出さなければならないことへの申し訳ない気持ちがあったのだろう。「トミ子、頑張りなさい」とだけ言って、叔母には分からないよう、わずかばかりのお金を内緒で渡してくれた。金子さんは深く礼をして、妹と弟を連れて親戚宅を離れた。

　下着など着替えを少しだけ入れた風呂敷を一人一つずつ背負って親戚の家を出たものの、どこにもあてはなかった。とりあえず、土地勘もある生まれ育った東京に行けば、仕事も見つけやすくきょうだいを食べさせていくことができるのではないかと考え、汽車に乗って東京の玄関口、上野を目指すことにした。

　しかし、夜行列車に揺られ上野に到着すると、そこに金子さんが知っている東京の姿はなかった。あたり一面が焼け野原、焼け残った上野駅の駅舎や地下道は、家を失った浮浪者たちで埋め尽くされ、異様な雰囲気だった。中には、ぼろぼろの服を着て、やせ細った子どもたちの姿もあった。これは仕事を探すどころでないことはすぐに分かった。

　寝泊まりする場所のあてもなかったので、見よう見まねで上野駅の地下道で寝泊まりする日々が始まった。薄暗く、悪臭が充満する地下道。行き場を失った大人、そして孤児たちであふれかえっていた。

「いっぱいです。夜になると人で埋め尽くされて、ほとんど空いているところはありませんでした。壁に寄りかかって、妹と弟と3人で固まって寝ていました。ああ、お母さんとお父さんがいればなあということを思わない日はなかったです」

上野駅の地下道は、日中は乗客の邪魔になるからといって、駅員に追い出されることもあった。金子さんきょうだいは、地下道を寝床にする他の人たちと同じように、日中は上野公園で何をするわけでもなく、ただただ時間が過ぎるのを待った。

困ったのは、雨が降ってきたとき。雨をしのぐ場所を確保するために、金子さんは上野公園のトイレの個室に板を持って駆け込み、すぐに鍵を閉めた。くみ取り式の便器の上に持ってきた板をわたして床にし、雨がやむまできょうだい3人、そこで過ごしていた。

「雨が降ってくるとぱーっとトイレに走っていって個室をぶんどっちゃって、鍵閉めて3人で、便所の個室で過ごしたんです。昼間、雨降ったらどこもいるところないから。悪いことですけどね。トイレに入りたい人に個室の戸を叩かれても開けなかったんだから悪いことだなと思いますけど、やっぱり妹と弟の命を守るために悪いこととしてきちゃったということですよね」

次々と飢えて死んでいった子どもたち

終戦直後の上野。そこは連日のように死者が出る過酷な環境だった。当時の新聞も、「せまる死の行進」という見出しを打って、上野で餓死者が出ていることを伝えている。

背景には、終戦直後に日本を襲った深刻な食料不足があった。戦争で多くの男性が出征したことによって、戦争中の日本国内の農産物の生産量は減少していた。それを補っていた外地からの食料は、戦争終盤から、日本への輸送路が封じられて届かなくなり、国内の食物の量は大きく減少していた。

そこに追い打ちをかけたのが、終戦の年、昭和20年9月に日本列島を襲った枕崎台風だった。鹿児島県の枕崎に上陸した後、焼け野原となった日本を縦断、各地に甚大な被害をもたらした。死者も2000人を超えるほどの大惨事となった。

戦争や天災など様々な事情が重なって起きていた食料不足を受け、当時の大蔵大臣・渋沢敬三が「餓死者が1000万人も出る可能性がある」と訴えたほどだった。

大人でさえ、その日を生きることに必死な状況の中、行き場を失い駅で過ごしていた子どもたちは、死と隣り合わせの生活に追い込まれた。幼い弟と妹を自分の力だけで守らなければならなかった金子さんも、地獄の日々を送っていた。

そんな状況にありながら、きょうだい3人がなんとか生き抜くことができたのは、山形を離れるときに親戚の叔父さんがこっそりくれたお金のおかげだった。当時、夕方になると、上野公園の前で売られていた蒸《ふ》かしたサツマイモを買いにいった。1日1本だけ、それをきょうだい3人で分け合った。

上野の地下道での経験は、つらい記憶として刻まれ、いまも金子さんを苦しめている。それは、死にそうなほどに苦しんだ空腹のつらさではない。周りで飢えに苦しんでいた子どもを助けてあげることができなかったという自責の念だ。

金子さんが上野に来てすぐの頃、きょうだいでイモを食べていると、小さな子どもがやってきて、「ちょうだい」と言って手を出してきた。しかたなく、ほんの少しだけあげると、金子さんはきょうだいを連れてその場を急いで離れた。そして他の子どもから見えないところに場所を移して、残りのイモを食べた。

それ以降、他の子どもたちからおねだりされないよう、買ったサツマイモはすぐにズボンの中に隠し、他の子どもから見えない場所に行って食べるようになった。苦しんでいる子どもがいても、食べ物を与えることができなかった。そして、空腹で動けなくなった子どもは衰弱し、命を落としていった。

「何人見たか分かりませんよ、子どもの死体を。自分を守るのに精一杯で、あげたい気持ちはあるんですけど、あげられないんですよ。かわいそうだなと思うことしかできなかった。私一人じゃないでしょ、弟と妹を連れているからね。小さい子が亡くなってもただかわいそうだなと思うだけで、自分のことだけで精一杯でした」

せめておにぎり一つ配ってくれたら

地下道で雨風をしのいでいる人たちが食料難で死と隣り合わせの暮らしをしている中でも、上野には、すでに大きな闇市ができていた。いまのアメ横の始まりだ。当時の報道写真を調べてみると、簡易な屋台がずらっと並び、食料を求める人たちで賑わっている。お金さえあれば食料を手に入れることができたのだ。

しかし、そのすぐそばの地下道で飢えている子どもを気にかけてくれる大人はいなかったという。

「どうかしてるなら、こういうところに行けとか、だいじょうぶかとか、そんなことを言う人は周りに一切いなかったです。そんな優しい人は一人もいませんでした」

金子さんは、語気を強めて続ける。

「政府も少しは面倒見てくれてもよかったんじゃないかなと思うけど。あれだけの大きな戦争をして負けてしまったから、大変だったのかもしれないけれど、本当に上野で孤児がゴロゴロといっぱいいるんですよ。それをね、おにぎり一つ配ることがないんですもん。そりゃ死んじゃいますよね。上に立った政治家も空襲で大変だったからできなかったのか、それは私には分からないけど。

本音を言うなら、たとえ1日1個でいいからおにぎりくらい配ってほしかったですよ。なんででしょうね。戦争孤児が戦争を起こしたんじゃないんだから。政府がやったんだから。それなのに何にも政府は……。毎日死んでいくんですよ、子どもが。食べなきゃ死んじゃいますよね」

先の全く見えない毎日。この先どうすればいいのかと考えても、少しの希望も見いだせなかった。いっそ、きょうだいみんなで死んでしまった方がいいのではないかと考えることさえあった。

そんなある日、金子さんは、どうしようもない不安に押しつぶされそうになり、不覚にも涙を流してしまったことがあった。すると姉の涙を見た、弟、妹がつられて泣き始め、きょうだい3人でワンワン泣いて一夜を過ごすことになってしまったという。以来、金子さんは、弟と妹を不安にさせてはいけないと自分に言い聞かせ、彼らの前では、絶対に涙を見せないと決めた。

切り裂かれたきょうだいの絆

地下道での生活を始めておよそ3カ月。金子さんきょうだいは、ますます追い詰められていた。所持金が底をつき始めたのだ。しかし、このまま野垂れ死ぬわけにはいかない。

金子さんはきょうだいがバラバラになってでも、生きていかなくてはならないと考えるようになった。きょうだいが一緒に過ごすことを諦めたのだ。

「頑張ろう、ここにいたらみんな死んじゃうだけだからね……と伝えました。私が食べていないのとかを、分かっていたのだと思います。弟も妹もイヤだとは言わなかったですね」

妹の預け先を母方の親戚が多く住む山形に、弟の預け先を父方の親戚が暮らしていた栃木に見つけ、自らは神戸で住み込みの女中として働くことになった。

神戸では早朝から深夜まで働きっぱなしの毎日だった。親さえ戦争で死ななければこんなことをしなくてよかったのにと、何度も思ったという。そんなときは、寝る場所をもらって、わずかであってもお金ももらえているだけでありがたい、と自分に言い聞かせた。

「私は、神戸の社長さんの家にいたんですけど、厳しかったですよ。女中さんとなれば、本当に、寝るのも最後だし、ご飯のとき以外は休む暇がありませんよね。それでまた次の日は一生懸命やらないといけませんからね。でも食べさせていただいてるのでね。親がいなくなってしまったのだから、我慢することはしなくてはいけませんしね。親子ではないのに、お金をいただくんですから、そこはやっぱり、我慢することが大事ですよね。

だからやっぱり親が一番なんですよ。親しか守ってくれないですもんね。他人は守ってくれません。親ほどありがたいものはないなあと、私は常々思いました。いまの子には分からないでしょうけどね。私はそう思いますよ。お父さんとお母さんがいたら、ということは常々ありました」

あまりのつらさに耐えかねて、住み込み先を逃げるようにして飛び出すことも度々あった。3度ほど働き先を変えたという。どこで働いていても、夜、布団に入り、離れ離れになった弟と妹のことを思わない日はなかった。弟は学校に行かせてもらっているのだろうか、妹はさみしくて泣いていないだろうかと、心配が尽きなかった。ただ、あえて連絡はとらなかったという。会いにいったり、手紙を書いたりすると、かえってさみしい思いをさせてしまうのではないかという思いからだ。

上野駅での路上生活を最後に、今日まで、会うことはほとんどなかったという。戦争が、きょうだいの絆を切り裂いた。

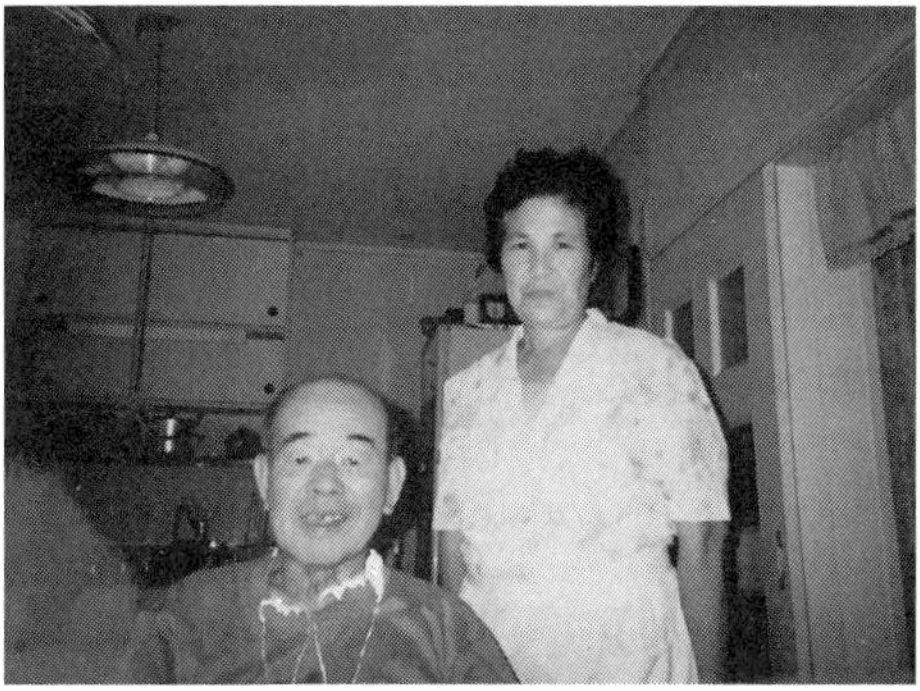

金子トミさんと夫の忠さん（写真提供：金子トミ）

夫にも言えなかった過去

その後、金子さんは、23歳のときに、職場の人の紹介で出会った忠さんと結婚した。国鉄に勤めていて、だいぶ年上だったが、優しく、決して金子さんに厳しいことを言わなかった忠さん。二人の子どもにも恵まれ、金子さんは、ようやく幸せな日々を取り戻した。

しかし、45年間連れ添った夫、忠さんにさえ伝えられなかったことがある。終戦直後に上野駅の地下道で過ごしたこと、これだけは最後まで打ち明けることができなかった。

「ただ戦争で親がないと言うだけで、よそで働いたって言うだけで、上野で過ごしたっていうことだけは言えなかったです。言わなかったですね。怖いっちゅう思いでね。こんな女をもらったのかと思われるのがつらくて……」

手で口を覆いながら、金子さんはそう告白した。上野駅で路上暮らしをした記憶を自分の中だけに封印し、誰にも語らず生きてきたのだ。駅で死と隣り合わせの日々を過ごしたことは、みじめな記憶として、いまも、金子さんを苦しめ続けていた。

80歳を過ぎてからのアルバイト

取材にとても丁寧に協力してくれた金子さん。私は、その好意に甘え、何度にもわたってその経験を聞き取らせてもらった。

ある日、次の取材の日程を相談していて、翌週の月曜の午前中を提案すると、週3日、月・水・金の午前中は、都合がつかないので別の時間にしてほしいと言われた。理由を聞いてみると、80歳を過ぎてから、近所にある消費者金融のATM店舗を清掃するアルバイトを始めていて、休むことができないという。

金子さんがアルバイトをしているとは想像もしていなかったので、正直とても驚いた。同時に強い興味が湧いた。その仕事がどのようなものか知りたいと思い、後日、同行させてもらったことがある。自宅から仕事場まで、ほうきや雑巾、バケツなど自前の掃除道具を持ち、アップダウンの激しい道を10分ほど歩いて仕事場に到着。そして建物の外の大きな窓を水ぶきしたり、店舗の床の掃き掃除をしたり、仕事ぶりはとても丁寧だった。88歳の体にはこたえる仕事だ。

「私、女中さんをしていたときに体を酷使していたのも関係していると思うんですけど、最近膝の痛みがひどくてしんどいんです。でも、家にこもっていてもしょうがないなと思って清掃の仕事を始めました。1カ月に1万円にもならないけど、運動にもなるかと思ってね」

そして、アルバイトの目的を知って、もっと驚いた。金子さんは、空襲の被害者への謝罪と補償を求める活動を支えるための寄付の足しにしているというのだ。

自宅で、「人に見せるものではないんですけれどね」と言いながら、奥の部屋から菓子折の空き箱を持ってきて、中を見せてくれた。そこには郵便局で振り込んだ寄付金の領収書がたくさん入っていた。寄付の金額は、5000円や1万円。振込先は、東京大空襲の被害者に対し国が補償することを求める活動をしている団体だった。

10年ほど前に友人に誘われたことをきっかけに、団体の会合に参加し始めたという。毎年一回の総会にはなるべく出席するようにし、主催者から依頼されて、大勢の人の前で、自身の経験を話したこともあるという。その団体の活動を支えようと、定期的に寄付をしているのだ。

「寄付はしょっちゅうはできないですけど、自分では動けないので、代わりに動いてくれる人たちがいることは本当にありがたいと思っています。

上野にいたときに、子どもが何人死んでいったか分かりませんよ。ああ、また死んでるわっていう感じでしたよ。私だって叔父さんからお金をもらえてなかったら、上野で死んでいたでしょうね。そのときの怖い思いっていうのは、他の人には分からないんじゃないかなあって思ってしまいます。その場にいないと分かってもらえないんじゃないかなと思うんです。自分の子どもでさえ理解できないんじゃないかと思いますもの。

私の願いは、ただただ、戦争をすると大変なことが起こるんだということを、いまの若い方に知っていただきたい。それだけです。もう戦争をしてはならないですよ。その思いだけです」

金子さんが寄付をするために足の痛みに耐えながらアルバイト先に通い、一生懸命に掃除をしている姿は番組でも紹介させてもらった。その姿は、大きな反響を呼んだ（金子さんは足の痛みがひどくなり、現在はアルバイトをやめている）。

金子さんへの取材で強く印象に残っているのは、何度も何度も、戦争孤児たちに対して「国はおにぎり一つくれなかった」と訴えたことだった。戦争は終わったはずなのに、その後に人知れず路上で死んでいった子どもたちがいた事実を絶対に忘れさせてはならない、という強い思いが伝わってきた。決して暮らしに余裕があるわけではない中で寄付を続けているのも、自分たちの苦労を忘れてほしくない、そんな思いからなのだと思う。

再現ドラマで伝えた上野駅の惨状

ＮＨＫスペシャル「〝駅の子〟の闘い」の制作に向けては、高齢となった孤児たちが語ってくれた壮絶な経験を、どのような方法でリアリティを持たせ視聴者に伝えるべきか、番組のプロデューサーと何度も何度も議論を重ねた。

孤児たちの証言はどれも重く、そのディテールは知らない話ばかり。取材をしている段階から、実際に終戦直後に「駅の子」たちの姿を目撃したことのある世代はもちろん、戦争を知らない世代、戦争孤児の存在そのものをほとんど認識したことがない人たちにも関心を持ってもらえるのではないかと、ある種の手応えを感じていた。そのような貴重な証言を、テレビ番組という形にするときに、どのような表現をとれば、より多くの人に伝わるのかが大きな課題だった。

証言の一部を有名なクリエーターにアニメとして表現してもらったらどうか、漫画家とコラボレーションして表現したらどうか、などいくつかを具体的に検討した。そして最終的には、証言に徹底的にこだわった、リアリティのある再現ドラマという方法で映像表現することに決めた。

再現するのは、駅の地下道と闇市での戦争孤児たちの様子。迫力ある貴重な証言を最大限に視聴者に伝えるための再現映像なので、言ってみれば〝攻め〟の演出だった。そのためリアリティのないセットだと、番組を台無しにしてしまう恐れもあった。

そんな懸念を払拭《ふっしょく》してくれたのが、番組制作に加わってもらったNHKの映像デザイン部の担当者だった。打ち合わせの直後から、実際に上野駅の地下道を何度も訪れたり、終戦直後の上野駅の様子が分かる書籍や、写真集などを読み込んだりして、地下道のデザインに取りかかってくれた。

最初の打ち合わせからおよそ2カ月後の再現ドラマ撮影の日、渋谷にあるNHK放送センター1階の大きなスタジオに行くと、そこに終戦直後の上野駅の地下道が完成していた。地下道側面ブロックの質感から汚物などで汚れた床、ジメジメと湿った重苦しい雰囲気まで、見事に表現されていた。ここに、子役の俳優やエキストラを集め、一日かけて、金子さんきょうだいが飢えをしのいだ様子、周りで子どもが死んでいった様子などを再現して撮影した。

終戦直後の上野駅地下道を再現したセット

番組放送後、この再現映像によって、当時の状況を想像しながら孤児たちの証言を聞くことができたという声が多く寄せられた。

このセットは、２０１９年４月から放送された朝ドラ「なつぞら」（女優の広瀬すずさん演じる主人公が戦争孤児という設定）の撮影でも使われ、戦争直後のシーンや当時を回想する場面で度々登場していた。

孤児の保護施設・板橋養育院の悲劇

保護された先でも助からなかった子どもたち

路上で次々と子どもたちが亡くなったという終戦直後。戦争孤児たちを保護する動きはなかったのだろうか。

当時、東京で、数少ない公的な受け入れ先となっていたのが、東京都養育院だった。

池袋から東武東上線で3つ目にある大山駅。駅から5分ほど歩くと、東京都健康長寿医療センターという大きな病院が見えてくる。この病院を中心に、辺り一帯が養育院の敷地だったという。現在の板橋区大山に広大な敷地があったことから、通称、板橋養育院と呼ばれている。

そのルーツは江戸時代にまでさかのぼる。天明の大飢饉で江戸の町民が窮乏を深めたことをきっかけに、老中の松平定信が、困窮者や高齢者、孤児を対象にした、共助による救済の制度を整えた。これがベースとなって明治5年に養育院が設立され、明治23年には東京市営となり、東京の生活困窮者らの窓口を一手に担ってきた。初代の院長は渋沢栄一で、亡くなるまでその役割を務めたという。

しかし、太平洋戦争が始まり戦局が悪化すると、養育院に入ってくる人たちも次第に戦争被害者という側面が強くなっていく。特に、昭和20年3月の東京大空襲、続く4月に豊島や板橋が大きな被害を受けた城北空襲の後から、高齢者や孤児となった子どもたちなど、行き場を失った人の入居が急増していったのだ。

看護婦時代の矢嶋ゑつ子さん〔前列右から3人目 帽子をかぶっているのが矢嶋さん〕(写真提供:矢嶋ゑつ子)

当時、施設はどのような状況だったのか。その様子を知る女性が、いまも健在であることが分かり、話を聞きにいくことにした。東京から車でおよそ4時間、長野県大町市を訪ねた。

ご自宅を訪ねると、一緒に暮らす息子さんが応接室へと案内してくれた。そこでソファに深く腰をかけ、私を出迎えてくれたのが、矢嶋ゑつ子さん、98歳(大正9年生まれ)。ご高齢であったが、当時のことをしっかりと記憶していた。

生まれ育ったのは長野県。昭和11年に上京し、板橋養育院で、看護婦として働き始めた。主に小児の病棟を担当し、忙しかったがとても充実した日々を送っていたという。

しかし、養育院での平和な日常は次第に失われていった。戦争が本格化すると、養育院にも入居者を疎開させる話が持ち込まれ、栃木県の那須などの分院に入居者が移っていった。そんな中、矢嶋さんは東京に残る当番となり、城北空襲によって板橋養育院で100人以上の犠牲者が出たときも、看護婦として働いていたという。

戦争が終わると、親も住む家も失った子どもや、苦しい経済状況の中で親が面倒を見られなくなったと思われる捨て子などが急増した。入居者は急増したものの、食料や医療品は圧倒的に不足し、悲惨な状況に置かれることになったという。

「次から次へと入ってくるようになりましたね。1日に8人とか入ってくるんですよ。上野とか、公園だとか駅だとかから来るんです。大きい子はね、けっこう育っていたんですけどね、小さい子はもうダメでしたね。だいぶ亡くなりましたね。いまみたいなミルクがあればみんな助かったと思いますけどね。だいぶかわいがっていた子もダメになってしまって、そういうときはがっかりしましたね」

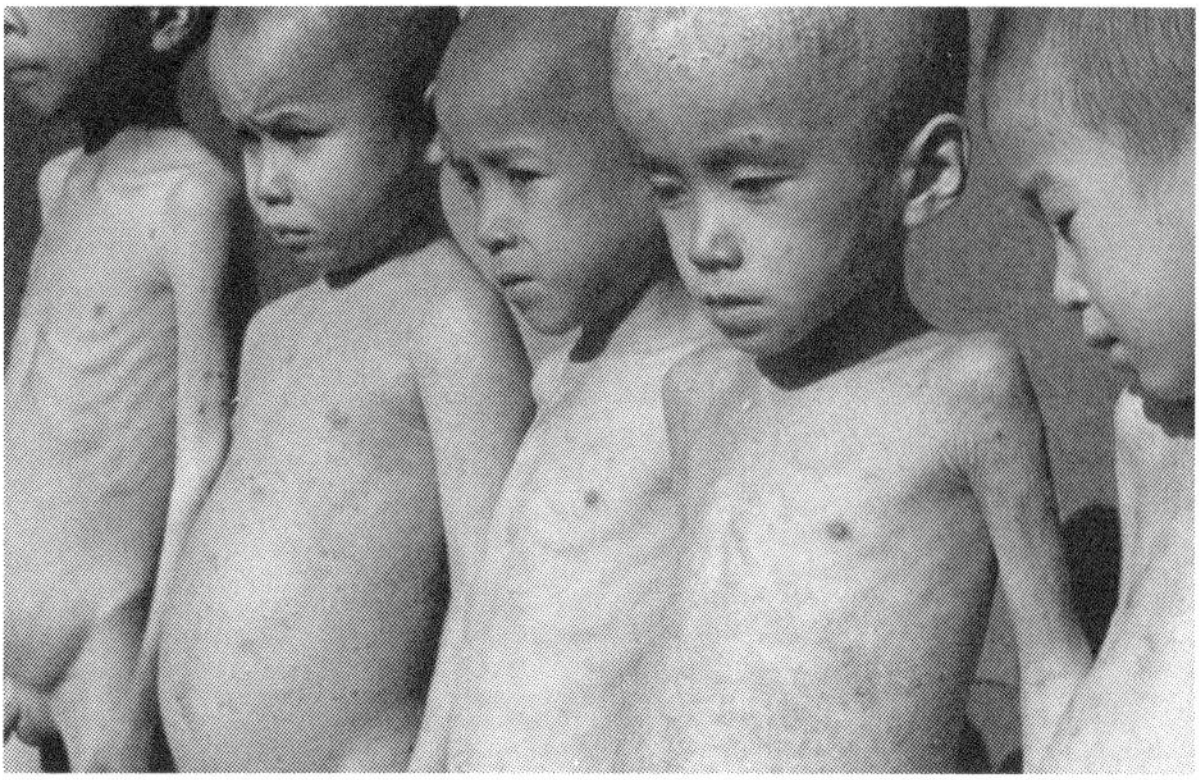

板橋養育院で保護された子どもたち（撮影：菊池俊吉）

板橋養育院で昭和20年11月に撮影された写真が残されていた。

撮影のために横一列に並ばされた少年たち。みな、あばら骨が浮き出て、栄養失調のためか、腹は大きく膨れている。慢性的な栄養不足、そこに追い打ちをかけるかのように、百日咳や発疹チフスなどの伝染病も流行し、小さな子どもたちが次々と亡くなっていったという。

「亡くなる人が相次いで、結局火葬なんか間に合わないから、養育院の敷地内へ穴を掘ってね、結局、焼きもしないで、みんな、そこへ死体を運んで重ねるように入れたんです」

連日のように死者が出る中で、とても火葬などしている余裕はなかった。職員総出で死体を運び、施設の一角に掘った穴にまとめて入れたという。

しばらく当時の写真をじっと見つめていた矢嶋さんは、絞り出すようにつぶやいた。

「仕方なくやったんですよね、職員みんなで。やっぱり戦争のせいですよ……戦争がなければ、あんな風にはならなかったんですよ」

独自に入手した「土葬者名簿」

終戦後に板橋養育院で起こっていた悲劇。取材を続ける中で、矢嶋さんの証言を裏づける資料を独自に入手することができた。「東京都養育院土葬者名簿」と題された書類。昭和20年3月から昭和21年9月までに施設で亡くなり、土葬したとされる人、２７００人の名前、戒名、年齢が記録されていた。

たとえば、年末が近づき、寒さも一段と強まったと思われる昭和20年12月19日の記録を見ると、この日だけで、下は1歳から上は80歳までの18人が、施設で亡くなっていることが分かる。終戦から4カ月経っても、毎日、これだけの死者が出る、異常な状態が続いていたのだ。

名簿に載っている亡くなった方を年齢別に集計し直すと、9歳以下の子どもが３４２人、10代の子どもも86人が亡くなっていたことが分かった。

板橋養育院における終戦前後の土葬者数（19歳以下）

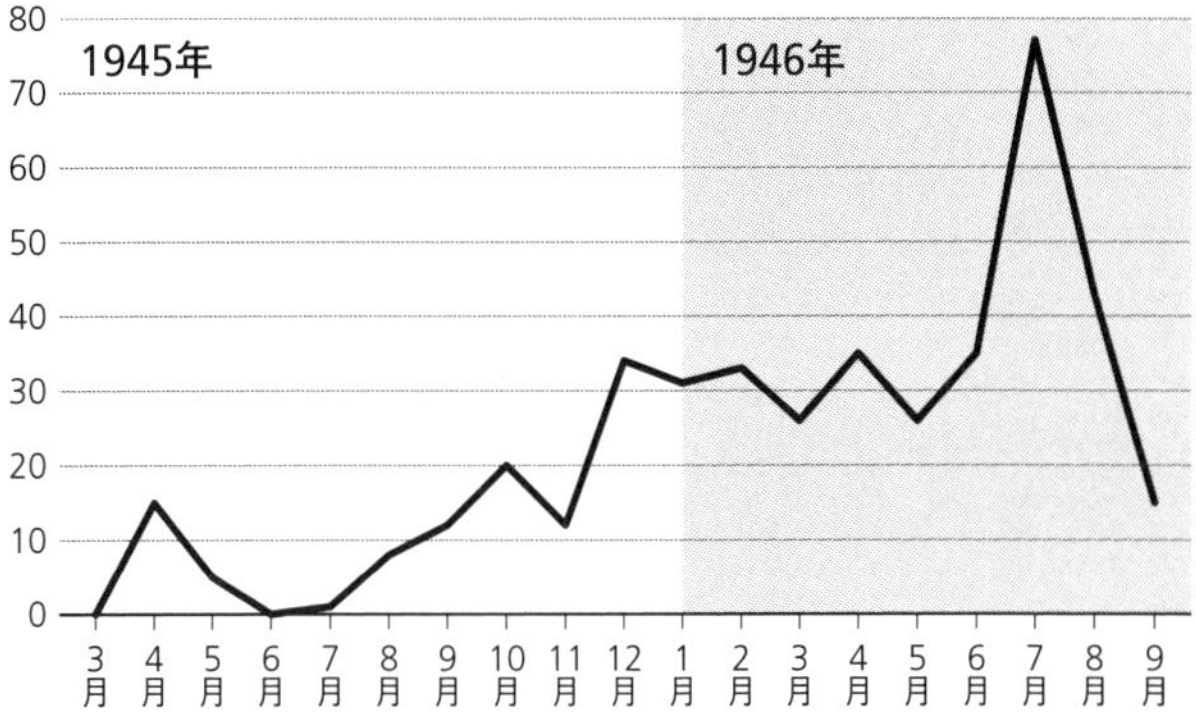

「東京都養育院土葬者名簿」をもとに作成

子どもの死者数を時系列に並べ直してみると、昭和20年3月から記録された土葬者の数は、年が変わって昭和21年になっても減らなかった。路上生活を脱し、施設に保護された子どもですら、死が身近にある環境に置かれ続けていたことを物語っている。戦争が終わった後も、子どもたちは、生きるための闘いを続けていたのだ。

土葬された遺体はその後、どうなったのか。板橋養育院の歴史が記録されている『養育院百年史』に、土葬された遺体は、昭和33年に火葬し、東京都府中市の多磨霊園にある養育院の無縁墓地に納骨されたと書かれていた。

板橋養育院は平成11年に廃止され、いまその跡地の一部には、東京都健康長寿医療センターという大型の総合病院が建てられている。そして、その横では、大型の再開発のための工事が進められている。

敷地の一角に、養育院があったことを伝える石碑が建てられているが、子どもたちの苦境を伝えるものは一切残されていない。

消されようとする歴史

養育院に収容された戦争孤児が置かれた状況についての取材は、関係者から協力を得ることが非常に難航したことも記しておきたい。少なくない人から、取材の趣旨は分かるが、応じることはできないと断られた。

関係者の一人が、取材に応じることが難しい背景を教えてくれた。

数年前に、ある報道機関が終戦直後の養育院の惨状について調べたことから、東京都の担当部局の責任者がマスコミを警戒。その責任者からの指示で、養育院に関する業務を担当した職員OBに対し、マスコミの取材に一切応じないように要請したのだという。

東京都の責任者は、業務上知ったことをマスコミに漏らすことは退職後だとしても公務員としての守秘義務違反となる、違反があった場合は退職後の年金を減額することも検討する、と言ったというのだ。実際に退職後の行為によって年金減額という処置をした前例もある、ということまで伝えてきたという。

責任者は、土葬者名簿の存在が広く知れ渡ることによって、自分の家族や親戚が名簿に載っているのではないかという問い合わせが増えるかもしれないこと、養育院で多くの人が亡くなったということが都の政策の失敗という印象を与えてしまうかもしれないことなどを懸念していたという。

そのあまりにお役所的な理由を聞いたときは、腹立たしさを通り過ぎ、情けなさすら感じた。こうした理由で、歴史が埋もれていくことがあってはいけない。圧力にさらされる中、悲劇を歴史に葬り去ってはいけないと、リスクを冒して取材に協力してくれた人たちに感謝したい。

学童疎開の犠牲者
――渡辺喜太郎さん

国策で進められた学童集団疎開

取材を進めると、親元を遠く離れているときに、突然孤児になるという悲劇が多く起こっていたことも分かった。国が学童集団疎開を進めていたからだ。

「学童疎開促進要綱」が閣議決定されたのは、昭和19年6月30日。この要綱によって、任意の縁故疎開の推進というそれまでの方針を転換し、集団による学童疎開が国策として本格的に進められることになった。

7月20日には、学童疎開の範囲が、従来の東京のほか、横浜、大阪、神戸、福岡など全国13の都市に拡大され、各地で一斉にその準備に入る。そして、8月には子どもたちが親元を離れ、田舎で集団生活を始めた。小学3年生から6年生までの、全国でおよそ40万の子どもが親元を離れて生活することになったという（『全国戦災史実調査報告書　昭和56年度』参照）。

戦争孤児からバブルの寵児に

取材のため収集した様々な書籍や資料の中に、「疎開中に親を亡くした」と記された一冊の自伝がある。著者は渡辺喜太郎さん、84歳（昭和9年生まれ）。バブルの頃に一世を風靡《ふうび》した麻布自動車の創業者だ。早速取材を申し込み、東京都港区麻布十番にある事務所を訪ねた。秘書の女性が、渡辺さんの仕事部屋に案内してくれた。

しばらくして、真っ赤なフレームのめがねをかけ、両腕にはパワーストーンと思われるブレスレットをつけ、派手なシャツで決めて部屋に入ってきた男性が渡辺さんだった。簡単な挨拶を済ませてから、戦争孤児の取材を進めていることを伝え、渡辺さんが疎開中に孤児になったときのこと、その後どのように生きてきたのかを詳しく知りたいとお願いした。すると渡辺さんは、急上昇して急降下するジェットコースターのような軌道を手で描きながら言った。

「だーっと上がってってって、だーっと落っこってさあ。親が死んだときと、バブルが破綻したとき、俺は人生でこの2回、苦労しているよね」

そして、間髪を容れない勢いで話してくれたのは、バブル経済崩壊までの裏話だった。銀行のトップや経済界の大物、官僚や政治家などの名前を具体的に出しながらの話はとても興味深いものだった。これまでも、経済誌などの取材で、バブルの寵児と言われていた頃について聞かれることが多かったという。

しかし、今回の取材で渡辺さんから聞きたいのは、孤児となった経緯や孤児になってから何があったのかについて。こうしたことについてはこれまで取材を受けたことはないという。そこで、当時を思い出してもらうためにも、疎開先に一緒に行って話を聞かせてもらえないかとお願いした。数十年は訪ねていないという疎開先の新潟。後日、日程を調整してもらい、一緒に行くことになった。

渡辺喜太郎さん（写真提供：NHK）

疎開先で待っていた軍隊生活

東京から上越新幹線におよそ2時間乗って新潟駅へ。そこから田園風景の中を車で走ること1時間ほどで到着したのは乙宝寺《おっぽうじ》という寺。新潟の県北、下越地方に位置する胎内市にあるこの寺が、渡辺さんの疎開先だった。奈良時代に開山したとされ、江戸時代には松尾芭蕉も立ち寄ったという歴史ある寺だ。

渡辺さんが通っていた東京下町の深川にある八名川小学校からは、4年生から6年生の33

0人が新潟県各地の農村に疎開することになった。5年生だった渡辺さんのクラス30人の疎開先が乙宝寺となったのだ。

きれいに手入れがされ、静寂に包まれた広い境内を、渡辺さんは見回すように進んでいった。すぐに当時の記憶がいろいろと蘇ってきているようだった。

「懐かしいなー。数十年ぶりだな、ここに来たのは。上野から夜行列車に乗って、最後は1時間くらい牛が引く荷車に乗せられて、ようやくここにたどり着いたんだ。昼頃に着いたのを覚えているよ」

昭和19年8月上旬のある日。心配そうな表情で日の丸の旗を振って見送る両親やきょうだいらをよそに、まるで修学旅行にでも行くかのように楽しそうな表情をした子どもたちが、上野駅から夜行列車に乗り込み、疎開先に出発した。

その後、新潟駅で乗り換え、疎開先の最寄り駅となる平木田に着いたのは、翌日の昼頃だったという。そこからさらに、地元の人たちが用意してくれた牛の引く荷車に乗せられて、カンカン照りの田んぼ道を進むこと1時間以上。ようやくたどり着いたのが乙宝寺だった。

広大な境内の一角にあり、いまは倉庫として使われている長屋が、疎開してきた子どもたち

疎開先での渡辺さんたち〔真ん中の列右から2番目が渡辺さん〕
（写真提供：渡辺喜太郎）

の宿泊先となった。当時は乙寮と呼ばれ、巡礼してきた人たちの宿泊先として使われていたという。渡辺さんたちは、ここに寝泊まりし、朝と夜の食事はすぐ近くにある米沢屋という旅館でとる生活が始まった。

疎開中は、地元の小学校で、現地の子どもたちに交ざって勉強をすることになった。学校の周りは田んぼが広がっていて、授業の代わりに田んぼに出て、落ち穂拾いやイナゴとりを任されることも多かった。すぐに地元の子どもたちとも仲良くなったという。

しかし、最初は旅行気分だった子どもたちも、すぐに、親元を離れた生活、そして甘えを許さない先生の厳しい指導がこたえるようになっていく。夜になって誰かが「家族のもとに帰りたい」と弱音を言い出すと、みんなにさみしさが伝播《でんぱ》していったという。

「すごかったよ。小学5年生なのに軍隊生活だからね。生徒みんなで帰りたい、帰りたいって言うでしょ、そうすると先生が『誰だ。いま言ったのは』って怒鳴ってさ。子どもたちはみんな放り出されて、往復びんたでひっぱたかれてさ。バチーンってひっぱたかれるとさ、廊下からすっとんじゃうんだよ。ほんとにそんな生活だったよ」

わずか5分の面会が両親との最後の別れに

寺の関係者が、疎開先で一緒に学んでいた地元の同級生の女性が、いまも近くに住んでいることを教えてくれた。早速、渡辺さんと訪ねてみると、歓迎してくれた。同級生は、渡辺さんたちが東京からやってきて同じ教室で学んでいた時期のことを懐かしそうに話してくれた。そして渡辺さんの母親が、疎開先を訪ねてきたときのことをよく覚えていると言った。

人一倍、両親と離れていたことをさみしがっていた渡辺さん。何度も東京に手紙を出して、疎開先での暮らしがつらく、早く東京に帰りたいと訴えていたという。両親は、そんな渡辺さんを心配して、新潟まで訪ねてきたのだろう。同級生は、そのときのことをこう語った。

「あたしら田舎者だから、あっ、東京の人が来たみたいって誰かから聞いてきて、泊まっていた旅館まで見にいこうって、友だちと一緒に見にいったんです。そしたら、お母さんが面会に来ましたって言って。あのときはお母さん、一人で来たの？」

「ううん、親父と二人で。僕はさ、親が宿泊していた宿まで会いにいったんだけど、5分しか会わせてくれないの。先生が一緒についてきて、宿の下でずっと待っててさ……。ほんとひどいだろう？　母親も親父もせっかく東京から来てやっと会えたっていうのにさ」

両親のもとを離れて5カ月が経った昭和19年12月の末、ようやくかなった再会だった。しかし、東京から生徒たちを引率し疎開先で世話役をしていた教師は、帰りたい気持ちが芽生えないようにと考えたのか、わずか5分しか両親と一緒にいさせてくれなかったという。この面会が親子の最後の別れになるとは、渡辺さんも両親もこのときは全く想像していなかっただろう。

昭和20年3月10日、東京の下町を焼き尽くした東京大空襲。渡辺さんの両親、そして3人の妹が犠牲となった。渡辺さんの親は、仕事で使う機材をなんとか守りたいと、一つ一つをビニール袋に入れて用水桶の中にしまっていたために、逃げるのが遅れてしまった。実家の近くに住んでいた人がのちにそう話してくれたという。

新潟に疎開していた子どもたちの間でも、東京で大規模な空襲があり、焼け野原になってしまったという噂が、すぐに広まった。そして、空襲から1週間もすると、心配した親たちが、子どもたちを迎えに来始めたという。

次々に迎えが来て、親と一緒に帰っていく同級生たち。渡辺さんも、最初は、両親がすぐに来てくれるだろうと言い聞かせて、自分を落ち着かせようとしていた。

しかし、あれほど自分のことを心配してくれていた親が、待っても待っても一向に現れない。父や母に何かあったのではないか。不安だけが、日増しに強まっていった。

そんなある日、迎えに来た友だちの母が「喜太郎ちゃん、お姉ちゃんは生きているからね」と教えてくれた。まだ11歳だった渡辺さんにも、「自分を迎えに来る人がいない」「姉は生きている」ということから、両親は空襲で亡くなったのだということは分かった。

もう二度と父と母に会うことができない。そう思うと、新潟の疎開先で絶望的な孤独感に襲われ、数カ月間、毎日涙が止まらなかったという。

疎開先に届いた両親からの手紙を、いままで大切に保管してきた。疎開先の寺の境内で、渡辺さんは、持ってきた手紙を恥ずかしそうに読んでくれた。

〈東京は、爆撃なんぞ、ありませんよ、父母の、心配はしなくてもいいですよ。喜太郎は、何のために、疎開をしたのですか、必ず戦争に勝つためですよ。喜太郎は五年生ですね。もっと元気だと思いましたよ。弱い気を出してはいけません。矢田さん、原さん（※筆者注：当時渡辺さんの近所に住んでいたと思われる子ども）は、喜太郎のように、弱くありませんよ。いつも元気な手紙をくれていますよ。すみこも、静江も、兄さんは意気地がないって言いましたよ。ご飯の数が少なくて嫌いとか、喜太郎さんのわがままです。東京でも何にもおかずはありませんよ。東京に帰りたいとはいくじがなさ過ぎます。いくら東京に帰りたいといってもダメですよ。父母は死にはしません。日本の兵隊さんは、敵、米英の飛行機が東京に来たとすれば、日本の航空機が、体当たりをして、みんな撃墜するので心配せずに、元気でいなさい。喜太郎に、ひらがな童話の本を買ってきたので送ります。また欲しいものがあったら送りますからお手紙ください。喜太郎頑張れ、頑張れ、頑張れ、喜太郎、元気で。敵、米英をやっつけるまで頑張れ〉

照れくさそうな表情を見せながら手紙を読み終えた渡辺さんは、こう続けた。

「敵米英って言ったってさー、ねえ。俺がさ、帰りたい、帰りたいって疎開先から手紙出すから。戦争でみんな頑張っているときに、帰りたいなんてわがまま言うなということでしょ……。でも、そんなこと言ってるうちに死んじゃったんだからさ、どうしようもないよね。

急に両親がいなくなっちゃってさ、戦災孤児だっていうことになっちゃったんだからさあ。本当に俺は大変だったんだよ、あの頃は……。

まあねえ。あのくらい、ちょうどあんなもんだよ。あのくらいでしょ。はは、あんなもんだよ」

そう言って、疎開先の寺の境内で取材をしていた私たちの後ろの方を指さした渡辺さん。振り返ると、集団で下校している地元の小学生たちが、楽しそうに走って、通り過ぎていった。

つらかった奉公生活

その後、親などが迎えに来た生徒たちは、東京に帰っていき、疎開先の子どもたちは少なくなっていった。新潟各地の疎開先に残った生徒は徐々に近い場所へと集められ、最後は一カ所にまとめられた。最後まで残った生徒は330人疎開した中で、6人だったという。

迎えを待ち続ける渡辺さんのもとに、ようやく遠い親戚が迎えに来たのは、年が明けた昭和21年の1月だった。

親戚に連れられて向かったのは、栃木県足利市。迎えが来たその日から、機織り会社の社長の家に住み込みの奉公に出ることになった。最初に与えられた仕事は、奉公先の子どもの世話や畑の手伝い。朝から子どもをおんぶしてあやしていた。同じ世代の子どもたちにその姿を見られることが恥ずかしくて、顔を合わせるのを避けていたという。

「子守と田んぼの毎日だったよ。奉公に来たんだから、ご主人に気に入られなきゃダメなんだってことは分かってたんだ。だから学校も行かないで子守やったよ。朝5時に起きなきゃならなかったんだけど、やったよね。

つらかったのは、食べる物だったな。その家にはさ、同い年くらいの子どもの男と女がいてさ、その人たちは上座。俺は奉公人だから土間で食べるんだよ。それもさ、奉公人は茶碗一杯のご飯だけ。

俺、覚えてんだけど、その家は犬飼っていて、残ったご飯を最後に全部犬にあげるんだよ。俺はあんまりにも腹が減ってて体に力が入んないもんだから、その犬のご飯を盗んで食ったこともあるもんね。

ただSさ、いくらつらくってもさ、一番の問題は帰るとこがないってことなんだよ。俺が東京へ帰りたいって言ったとしても、実際には帰るところがないんだから。そうでしょ、親がいなくなっちゃったんだから。結局、奉公先にいるよりしょうがないってことなんだよ……」

厳しさに耐える毎日。そんな中、渡辺さんは次第に自分にはもう親はいない、待っているだけでは誰も親切にしてくれる人は現れないと悟っていったという。そして、幼いながらも知恵を働かせ、周りの人の役に立って必要とされるようにならないと生きていけないと、考えるようになった。

奉公先が手がけていた足利の機織りで使う機械のメンテナンスなども、職人の作業の様子を後ろで見ていて、誰よりも詳しくなった。次第に、渡辺さんなしでは工場が回らなくなっていった。工場の管理の責任者も任されるようになった。

そんな日々を送るうちに、いつか東京に行って自分の事業を立ち上げたいと考えるようになっていった。そして、奉公を始めてから7年が経った19歳のとき、東京に行くことを決意した。そのことを奉公先の主人に伝えると、「稲の穂を見てみなさい、実りゃ実るほど頭を下げているだろ。東京に行ったらとにかく頭を下げて歩くんだぞ」と言われた。その言葉を胸に、東京へと向かった。

「失うものはもう何もない」と自分に言い聞かせ

東京では、新聞広告の求人情報を頼りに、まずはバイクの販売会社に就職。奉公先での経験を武器に、誰にも負ける気がしなかったという。

見込みがありそうなお客を見つけると、バイクを売ろうとはせず、早朝から自宅周りの掃除、ちょっとした大工仕事から子どもの学校への送り迎えまで何でもした。奉公先では当たり前のことだったので、全く苦にならなかったという。こうした泥臭い営業で、圧倒的な結果を残した。

そして22歳のとき、東京・麻布で、自動車販売会社、麻布自動車を設立した。高度経済成長の波、そして全国各地で進展したモータリゼーションの波にうまく乗り、ビジネスは順調に拡大した。

さらに、販売する車を置いておくための駐車場も兼ねて周囲の土地を買い集め、バブルによる土地の価格の上昇とともに資産は大きく膨れ上がっていった。会社の拡大とともに渡辺さんの交友関係も派手になり、多くの芸能人などとも付き合うようになった。

「来ない芸能人はいないっていうくらいたくさん来たよ。これは加山雄三と海に行ったときだよ。これは小林旭。こっちは五木ひろし」

人たらしの性格で、誰とでもすぐに打ち解けられるという渡辺さん。交友関係は、官僚、財界のトップ、そして与党の有力政治家などにも広がった。仕事場には、有名芸能人や大物政治家とのツーショット写真が額に入って保管されている。

ビジネスも、ますます拡大していった。港区には160カ所以上の土地を、栃木県には温泉付きのゴルフ場、ハワイでも有名なアラモアナホテルをはじめとした6つのホテルを所有するなど、渡辺さんの資産は、一時、7000億円を超えた。雑誌「フォーブス」が毎年発表している世界の億万長者ランキングにも名を連ねる常連になった。

しかし、そんな状況は長くは続かなかった。バブルの崩壊で資産のほとんどを失い、不良債権の処理が進む中で逮捕もされた。

その後、バブル崩壊から20年ほどをかけて会社の債務の整理を完了させ、いまも麻布十番にオフィスを構え、コンサルティング業務などを中心に事業を続けている。

「この前、経済誌のバブル経済特集ってのがあったけど、バブル何人衆って呼ばれてた人たちはみんないなくなっちゃって、一番ネアカだった人だけが生きているって俺のこと書いてあったよ。まあそんなもんなんじゃない。自分は戦争孤児で、学校も出てなくて、生きてこられたってことはさ、やっぱり学校で教わらなかったこと、奉公して学んだことが一番大きいってことかな」

戦争孤児になってから、失うものはもう何もないと自分に言い聞かせ、がむしゃらに生きていくしかないと考えるようになった渡辺さん。自分でも「まさにジェットコースターのようだった」と振り返るほど浮き沈みのあったその人生は、映画のようでもあり、一人の男の人生として惚れ惚れするようなところもある。手にした経済的な成功は、バブルという局面に乗った偶然ではなく、どんな分野で何をやっても突出した成果を出していただろうとも思った。

取材を通して、渡辺さんがなかなか直接的には答えてくれないことがあった。空襲で亡くなった両親への思いだ。取材の最後、東京の麻布十番にある仕事場にあった両親の遺影の前で尋ねたときに、ようやくその思いを少しだけ教えてくれた。

「両親は俺を残して死んだんだから、それはつらいよね。いくら戦争中の空襲とはいったってさ。俺がいま、逆の立場で考えるとそう思うんだよね。いまの俺でいったら、孫を残して死ぬのと同じだよなと。とてもじゃないけど耐えられないよね……。

でもさ、自分で言っちゃおかしいけど、330人疎開した中で、まあ俺が、一番じゃない。親はあっという間に死んじゃって、戦争孤児ってことになっちゃって、決して子どもの頃に成績が優秀だってわけでもなかったのにさ……。だから親は空から見てて、頑張れ頑張れって言っていたのかもしれないね。せめてさ、俺が成功したとき……見てほしかったな。でもやっぱりそんなもんだよ、人間って。親孝行したいときに親はいないんだよ」

戦争孤児がどう生きたのかを知りたいとお願いした渡辺さんへの取材。とにかく明るく、過去を恨むなどせず、くよくよしない、そのような前向きな姿勢を貫く渡辺さんの生き様は、戦争孤児の中でも、かなりの例外であることは間違いない。

ただ、悲しみや悔しさをバネにして生きようとした、渡辺さんのような人が確かにいた。そのバイタリティが、戦後の日本経済の成長の推進力になっていたのではないかと感じた。

学童疎開とは何だったのか

国策として進められ、多くの悲劇を生んだ学童疎開とは何だったのか。疎開中に親を亡くし孤児となった人たちへの取材をしていると、度々そんなことを考えさせられた。わずか10歳ほどの子どもたちが、親元を遠く離れて軍隊式の集団生活を送り、その最中に、親を奪われる。遠い地で突然孤児となったことを知らされる子どもの心の内は、想像しただけで胸が締めつけられる思いだった。

実際その負担は、小さな子どもたちに大きくのしかかっていた。たとえば、大阪市から学童疎開をしていた立木喜代乃さん。大阪に残っていた母、妹、祖母がみな亡くなったことを疎開先で聞いたときから、あまりのショックで記憶が曖昧になっているという。疎開先から大阪に戻ってきたときのことをこう振り返る。

〈やっと十月になって帰れることになりました。村の人たちも喜んでくださり、おみやげにお餅をついてくださったのを背中の袋に入れて、村の中を行進し、たくさんの拍手でお別れしたことを覚えています。そして、帰り着いた大阪駅のプラットホームは暗く灰色で日の丸の旗も大勢の出迎えの人波もありませんでした。一人二人と子供達は親に連れられて帰って行き、友達の姿がなくなっていきました。私はとうとう最後まで残ってしまいました。そのときの心細さは今も忘れることはありません。誰も迎えのこない私に先生が「心配しなくてもいいよ。先生の家にいきましょうね」と言ってくださった声に私は泣き出しそうになってしまいました。

(中略)初めにどんな家に行ったのか今も思い出せません。私の疎開の記憶は大阪駅の灰色のホームという景色の中でぷつんと糸が切れたようになっています〉

(本人執筆の手記『白いからけし』より)

あまりにもショックが大きく、視界からすべての色が消えたような感覚に陥ったという立木さん。その後、どのような家に預けられたのか、どんな生活を送ったのかについて、はっきりしたことを思い出せないという。いろいろな家を転々としたことだけが曖昧な記憶として残されている。

また、自身も疎開中に戦争孤児となり、学童疎開中に孤児になった子どもたちのことを精力的に研究し、調査を進めている金田茉莉さんは、「疎開など行かずに親と一緒に死んでしまえばよかったと思わない日はない」と振り返る。孤児となってからの絶望的な孤独感や親戚宅で受けた屈辱的な経験を思うと、疎開など行かずに親と一緒に死んでいた方が幸せだったとさえ考えることも理解できる。

もちろん、学童疎開は多くの子どもの命を容赦ない空襲から救ったという部分が大きい。しかし、40万人もの子どもを家族から離し、田舎へと移した背景には、将来の兵力を温存したいという国の目的も透けて見える。疎開中に、突然孤児となった子どもたちにとってみたら、きわめて残酷な政策だったとしか言いようがない。

引き揚げ孤児の悲劇
——瀬川陽子さん

多くの孤児を出した引き揚げ

戦争によって多くの孤児が生まれた背景には、空襲と並ぶ大きな要因が、もう一つあった。外地からの引き揚げだ。終戦後、満州や南方などから日本に帰ってくるときに、親が亡くなったり生き別れたりした、引き揚げ孤児が多く出ていたのだ。

外地からの引き揚げが本格化するのに合わせ、引き揚げ孤児たちを受け入れる施設が、全国各地につくられた。その一つ、「こどものうち上野寮」と呼ばれていた施設が、当時、上野にあった（現在は八王子市に移転し、児童養護施設「こどものうち八栄寮」として運営されている）。

施設に残された当時の記録によれば、合計66人の引き揚げ孤児を受け入れていた。過酷な環境の中で外地から日本にたどり着いた子どもたちは、施設にやってきたときにはかなり衰弱していたようだ。66人のうち3人は、施設に入所したその日のうちに亡くなり、半数以上は、すぐに病院に連れていかれ入院が必要な状況だった。当時の状況を伝え聞いていた担当者は、次のように話す。

「なんとしても子どもと一緒に日本に帰らなくちゃと思っていた母親が途中で倒れてしまっても、大混乱の中で、誰も世話なんかしている余裕もない状態でした。その母親から『この子を一緒に頼む』と託されて、誰だか分からない、全く知らない子どもを船に乗せて連れてきた方もいます。みんな相当混乱した状態で帰ってきていたと思います」

引き揚げの際に親を失った孤児から、当時の状況について直接話を聞かせてもらいたいと施設に紹介を依頼したが、ここでも多くの孤児に断られた。差別を受けたり、嫌な思いをしたりするという理由で、そもそも孤児であったことを明かしていない人が多いのだという。

孤児になり、雪の上に捨てられる

そんな中、一人の孤児が「お役に立てるなら協力してもいい」と、取材に応じてくれることになった。東京都葛飾区で暮らす瀬川陽子さん（引き揚げ時の混乱から正確な年齢不明）。夫を11年前に亡くし、いまは一人で暮らしている。

生まれは満州。父は、出征したと見られ、その後の消息は今日までつかめていない。瀬川さんの記憶に残っているのは、母と弟と暮らしていた生活だ。母が一生懸命に田畑を耕していた姿が脳裏に焼きついている。

そんな満州での平穏な生活は、終戦直前にソ連軍が突如侵攻してきてから、一変した。当時、満州には開拓のために多くの日本人が渡っていたが、すでに日本軍も住民を守る力を失っていて、大混乱となった。病気や飢えに加え、ソ連軍の攻撃や集団自決などによって、24万人以上が亡くなったとされる。

瀬川さんは家族とともに、ソ連の侵攻によって突如として戦場へと変わった満州からなんとか日本に帰ろうと、家族で必死に逃げた記憶がある。

「日本が負けたということで、母親は私と弟をおぶって満州で過ごしていた家から収容所に向かって、逃げるようにしていった。私が覚えているのは、汽車と船に乗って、だいぶ遠い収容所へ向かっていったわけですね。途中で、ちょっと掘っ建て小屋というんですか、こぢんまりした小屋みたいなところがあって、そこで一晩だかどのくらいだか泊まった感じもちょっと覚えています。そこからまた汽車と船に乗って収容所へ着いたわけですね。

そこへ来るまでに、きょうだい、弟だったと思うんですが、もういなかったんですね。たぶん途中で、満州のどこかで置き去りにしてしまったと思うんです。男の子は結局拾ってくれるということで、〝置き去り〟ということがよくあったということも聞いたことがありますけど。

それで、母は私だけをおぶって収容所へ着いた。ところが、そのときには母親はもうくたくたな状態だったみたいで……。収容所へ入って、翌朝には、もう亡くなっちゃったんです。私はその母親の枕元でじっと座っていたんです。なんとなくですけれど、『ああ、死んだんだな』という風に思ったのを覚えているんですね。私は母親の頭の方でじっと座りっぱなしでした。

次に覚えているのが、母親の死体をなんか始末してもらっている感じですね。むしろかなんかにくるまれていて、それで母親の遺体を近くにあった川だと思いますが、流しにいって……。遺体が流れていくところを、誰かに抱っこしてもらって見せてもらったという感じを覚えています」

瀬川陽子さん（写真提供：NHK）

弟と生き別れ、母も亡くなる。ソ連軍が迫ってくる大混乱の中で一人残された瀬川さんは、ある日、極寒の屋外に置き去りにされ、その際にひどい凍傷を負った。

「雪が積もっていた外に放り出されたという感じだと思います。雪の上で見つかったというんですけど、そのときに凍傷になっちゃったんだと思うんですね。

大体膝から下が凍傷になっていたんですけど、右の方はまだいいんですけどね、左はひどかったんです。おそらく、雪の上で変な座り方をしていたんでしょう、そのまま変形しちゃっているんです。指があったところが足首の方へくっついちゃっていたもんですから、全然立てなかった。誰かにおぶっていただかないと外にも出れない状態でしたね」

雪の上に一人座っていた瀬川さんは、たまたま、その前を通りかかった医師らに発見され、命だけは救われた。その後の詳しい経緯は覚えていないが、なんとか引き揚げ船に乗せられ、日本に帰ってこられたという。到着すると、引き揚げ者で身内のいない子どもたちが入る施設で過ごすことになった。

凍傷になった経緯は、かなり後に、施設の先生から聞いた。

「雪の上に捨てられていたという話は、何十年か経ってから聞いたんです。日本で入った施設の先生方が知っていらして。引き揚げてきたときに連れてきてくださった人から施設の先生には伝わっていたんですが、その話を私には聞かせなかったんですって。それを知ると、私がひねくれてしまう。そうなってしまったら大変だと思って伏せておいたそうなんです」

帰国後も、満州で負った凍傷によって苦しんだ。

「歩けないし立つことすら難しい。立ってもすぐ転んじゃう状態だったんです。指のあった部分が足首の方へペタッとくっついちゃってたんですね。日本に帰ってきてから、お医者さんがそこを手術して切り離し、間にお腹の皮をとって移植し、つけていただいたんです。それで靴がやっと履けるようになって。

その後も、いろいろなお医者さんが、2週間ごとに4回続けて手術し、それで、靴がなるべくまっすぐに履けるように、細かい整形手術をしていただいて、いまの形になったんです。1年半くらいはずっと入院させていただいて、それで初めて歩けるようになったんですね」

何人もの医者による懸命な措置によりなんとか歩けるようになり、学校にも通えるようになった。しかし、苦労は、その後も尽きることはなかったという。

「結局、普通より少し遅れて小学校1年に上がったんです。そのときに、1、2年までは千葉県の富里小学校というところへみなさんと一緒に通っていたんですね。施設から学校までが遠いので、保母さんによく、行きだけかな、自転車で送っていただいて、帰りはゆっくり歩いてきたこともあるんです。

でも凍傷というのはすごく厄介なんです。どうしてかといいますと、風邪を引くたびに足が腫れちゃうんですよね。それをそのままにしておくと中で化膿したりして、39度ぐらいの熱が出まして、何回も繰り返すという始末だったんです。そういうことがあるから、最初の先生は切断した方がいいっておっしゃったんだそうです。だけど、寮の先生は、どうしてもこの足で歩かせたいからって、切断を止めてくださったんですね。

風邪を引くたんびに腫れて、その都度入院ばっかししてて、それではしょうがないので、北多摩郡の小平町の小川というところに『整育園』という障害者施設があって、そこに入れてくださったんです。そこは、悪いところを治療しながら、教室があって、学校と同じ勉強ができる。大体18歳未満までいられるところなんですね。そこに中学2年ぐらいまでいました。

その後は、私が働きたくて、無理に出てきちゃったんですけど」

自分のルーツが分からない苦しみ

いまでも足が不自由な状態は続いている。しかし、瀬川さんを苦しめてきたのは、凍傷の後遺症だけではなかった。引き揚げてきたときの推定の年齢は、3歳か4歳。幼かったことに加えて、極度の混乱状態にあったため、自分自身についての大切な情報も、分からないことが多いのだ。

雪の上で保護されたときに身元が分かるものを何一つ持っていなかったため、家族、満州で暮らしていた場所、そして自分の本当の名前すら分からなくなってしまった。

瀬川さんが日本への帰国の際に乗った引き揚げ船の乗船名簿には、瀬川さんの旧姓で東陽子と書かれていた。実はこれは、雪の上に一人でいた瀬川さんを偶然見かけて救った医師がつけてくれた名前だ。日本は東にあるから、東《あずま》。明るく育ってほしいと願って、陽子《ようこ》。日本へ帰国するにあたり、日本の名前がないと不便だろうとつけてくれたのだという。

「満州の家にいた様子とか家の外の様子とかは、すごく頭の中に入っていて、いまでも思い出せるんです。でも肝心の名前がすっかり抜けている。覚えていないんです。親の名前も、自分の名前もね。自分が一体誰なのか、出身地はどこなのかとかね、それはそれは知りたいものだらけですよ」

その後、瀬川さんは結婚し、初めて安定した暮らしを手に入れた。自分のルーツを知りたい、そのヒントになることなら何でもしたい。そういう思いが強くなってきたときに、ある運動があることを知った。中国残留孤児の帰国運動。残留孤児が日本にいる親類を探し、来日していると聞き、瀬川さんは、すぐに動き始めた。

そんな瀬川さんの様子を捉えた映像が、NHKのアーカイブスに残されていた。瀬川さんが厚生省を訪ね、担当者に自分の家族についての情報や、満州での生活など、ヒントになることを伝えているところが記録されている。中国残留孤児の中に、生き別れとなった自分の弟がいるのではないかと必死で探していた。

残留孤児の中に、目や眉が自分と似ている男性を見つけて、血液検査なども行った。しかし、当時の技術では、肉親かどうか確定できずに終わった。そして、まもなくその男性も亡くなってしまった。血がつながっているきょうだいが見つかるかもしれないという、長年夢見ていた瀬川さんの希望は、消えてしまった。

「子どもの頃から自分は本当に独りっきりなんだっていう自覚は、強く持っています……。ちょっと言葉では言い表せないですけども、とにかく知りたいという思いが強いですね。何でもいいから知りたいんです。

親のことはもう諦めているんですけど、親戚が一人もいないってわけはないと思うんですよね。どんな人でも、全く誰も親戚がいないということはないと思います。親戚さえ見つかれば、自分がどこの誰なのか、出身地はどこだったのかとか分かるかもしれないんですけど……。

満州にさえ行ってなければねぇ。こういうことにならなかったと思うんですけど、でもそういうのはいまさら悔やんでも、どうしようもないしね……」

国民を守るはずの「国家」が突然消えたことによって生じた混乱の中、孤児となり自分が何者なのかさえ分からない苦しみを抱えながら生きてきた瀬川さん。そこには空襲で親を奪われた子どもたちとはまた違った、悲劇があった。

「いまさら悔やんでもどうしようもない」と言う瀬川さんの姿は、やり場のない怒りを飲み込んで、その運命を受け入れようとしているように見えた。

路上生活で視力も失う
――小倉勇さん

誰にも言わなかった過去を話したいという連絡

長期にわたった取材の中では、私たちが情報を集めていることを知り、戦争孤児のかたが連絡を寄せてくれることもあった。そうやって出会ったのが、京都に暮らす小倉勇さん（86歳、昭和7年生まれ）だった。「自身の経験を話してもいい」と申し出てくれたのだ。

そのきっかけは、私たちの放送だった。2018年8月にNHKスペシャル「〝駅の子〟の闘い」を放送する前から、タイミングを図っては、ニュースの企画やドキュメンタリー番組として取材の成果を放送してきた。

小倉さんが偶然見てくれたのは、2015年7月に関西地方で放送した「かんさい熱視線」という番組だった。私が戦争孤児について取材を始めてから数カ月経った時点での成果をまとめ、初めて放送のために形にしたものだった。

たまたま録画していた知人から番組について教えてもらい、戦争孤児としての経験を語り始めた人がいることを知り、自分も伝えていった方がいいのではないかと思ったという。

小倉さんの自宅は、外国人観光客で賑わう銀閣寺のすぐ近く、京都市左京区の閑静な住宅街の中にある。「小倉治療院」と書かれた看板がかかっている古い木造の2階建ての建物が小倉さんの家だった。自宅の前の細い通りからは、大文字山の「大」の文字が見えた。

呼び鈴を鳴らすと、小倉さんは知人だという男性に付き添われて玄関まで出てきてくれた。挨拶の中で、戦争孤児となって路上生活を送っているときに、両目の視力をほとんど失ったと言った。そして26歳のときからマッサージ師として生計をたてていて、いまでも、週に何度か長年つきあいのある患者さんが通ってくると教えてくれた。

部屋の中へと入れてもらい、両側の壁を両手で探りながら細い階段を上っていく小倉さんの後を追い、2階に上がると、普段は施術のスペースとして使っているという畳の部屋があった。ここで、じっくりと話を聞かせてもらうことにした。

私はまず、なぜ誰にも言わなかった戦争孤児としての過去を、私たちに話そうとわざわざ連絡してくれたのかを尋ねた。すると、小倉さんは、やや興奮した様子で、話し始めた。

「集団的自衛権が含まれる安保法制、あれが強行採決されたじゃないですか。強行採決するときに、これはいけないなと思ったんですよ。それまで僕は絶対言わなかったからね、過去のこ

小倉勇さん（写真提供：NHK）

とは。過去のことをしゃべると、憤りと悲しみが残るだけだから話したくないんだけど、これはいけないな、って思うようになった。

ニュースを見ていたら、戦争を経験していない人たちがもう国民の80％にもなっているということをやっていて、戦争の悲しみを負った人たちのことをね、知らない人が多くなってしまった、本当の大変さを伝えないといけないないなと思うようになったんですよ。若い人に少しでも、戦争ってこうなんだ、戦争っていうものはこういうものなんですよっていうことを知ってもらわないと。その先は、それぞれが考えればいいことだと思っていますけどね。

戦争のせいで親を亡くして孤児になって、そして、路上生活の中でね、何を考えて、何がほしかったのかっていうことをね、やっぱり知ってもらわないといけないないなと思ったんですよ」

小倉さんを最初に取材させてもらった２０１５年の夏は、安全保障関連法案をめぐって国会で激しい論戦が繰り広げられ、メディアでも連日報道されていた。戦争で親を失った小倉さんは、その後の苦労を誰にも言わないで過ごしていた分、そうしたニュースに人一倍敏感になっていたのだと思う。

最初の質問に少し興奮した様子で答えると、小倉さんはしばらく黙ったまま、眼光鋭く私の方を見つめ続けた。視力はほとんど失っていると聞いていたが、じっと見つめられると、取材の覚悟を問われているような気持ちになったのを覚えている。

過去を語る覚悟を決めた小倉さんの思いをしっかりと受け止めなければならない。そう思いを強くして、戦争孤児になった経緯を詳しく聞いていくことにした。

敦賀空襲で母を失い孤児に

小倉さんが生まれ育ったのは、日本海に面する港町、福井県敦賀《つるが》市。母と子二人の家庭で育った（※筆者注：父はほとんど家に寄りつかず、終戦後に病死）。

母のマツさんは、地元のニシン工場に勤め、一人息子だった小倉さんを大切に育てた。生活は楽ではなく朝から晩まで働き、化粧をしている姿も見たことがないという。自分は学校にも行く余裕がなく文字を書くこともできずに苦労したことから、小倉さんが勉強をする姿を見ては、とても喜んでくれたという。小倉さんが学校のテストで１００点を取ると、ご褒美として

小学校の学芸会で桃太郎を演じた小倉さん(写真提供:小倉勇)

近くにあったうどん屋に連れていって、鍋焼きうどんを食べさせてくれたことが、母と過ごした幸せな日常の一コマとして記憶されている。

母が喜ぶ姿を見たくて、一生懸命勉強した小倉さんは、優等生として注目される存在だった。小倉さんがいま、唯一、自宅で保管している少年時代の写真は、小学2年生の学芸会で、先生の推薦によって主役の桃太郎を演じたときのものだ。そのときもマツさんは、「母ちゃん、学校に行くのが誇らしくてうれしい」と、これまでにない調子で褒めてくれたという。

敦賀でのそうした平穏な日々も、戦争によって激変した。母を突然奪われたのは、終戦から1カ月ほど前の昭和20年7月12日。B29の編隊が、日本海側の都市としては初めて敦賀をターゲットにして、空襲を行った。軍港があったことから、空襲は熾烈を極めた。その日の様子を、小倉さんは鮮明に記憶している。

「昭和20年7月12日の夜9時頃から深夜の2時頃まで。もう敦賀の町が真っ赤に燃えててね、みんな必死で逃げてきたんです。

僕は、夜、自宅のそばの叔母の家で風呂に入れさせてもらっていて、ちょうど帰ろうとしたときに空襲が始まった。大人たちにまざって何も考えずに必死に走って逃げていたら、敦賀から東の方にある村に、たまたまたどり着いて、そこで朝まで過ごすことになったんです。

明くる朝、空襲が終わって、朝の9時頃にね、町に帰ってくるんですよ。その途中に町か村かがあって、お百姓さんをやっている人の割と大きな家が焼けずに残ってまして、そこで、地域の国防婦人会のおばちゃんたちがね、握りご飯をつくって、みんなに配っていたんです、大きな握り飯だったな。麦の入った、黒いとろろを巻いたおにぎりを一つずつ配っていた。

近くに避難してきた人たちがそれを聞きつけて大勢集まってきて、火傷をしていた人は、薬を塗って治療なんかもしてもらってたんですね。そのたくさんの人たちの中に、僕の家の向かいに住んでいてよく知っているおばちゃんがいてね、僕を見つけてね、泣きながら僕に言ったね、『勇ちゃん、母ちゃんのことは諦めるんやで』って。

最初僕は全くわけが分からなかった。だけどまた『母ちゃんのことは諦めるんや、しっかりせないかんのやで。母ちゃんな、大修館っていう家のそばの映画館の前にいるから、行かなあかん』って言われちゃった……。

そこで見にいくことにしたんです。行ってみると、その頃、焼夷弾が落ちてくるのに備えて、火を消すために、一軒一軒の家の前に、用水桶っていうのがつくってあってね、そこに水を溜めてた。焼夷弾が落ちてきたら、その水で火を消すということになっていた。その中でね、お袋が死んでたんです。

顔の半分が焼けてしまっていて、髪の毛だけは残っていた。用水桶の水の中に浸かっていたから、体の下の方は割と残っていました。で……お袋だと分かった決め手になったのはね、自宅で使っていたつるの模様の布団です。それをかぶって逃げたみたいなんですね。

ショックで、涙も出なかったです、本当。なんて言いますかね……悲しいんだけど、本当にショックを受けると、涙も出ないですね。僕は経験しました、そのときに」

小倉さんの母マツさんは、敦賀空襲の2週間ほど前、当時、地域の大人たちが総出で参加した地元の軍需工場での勤労奉仕で足を骨折して、自宅で療養中だった。そのため、空襲警報が鳴って逃げようとしたものの、思うように動けずに逃げ遅れ、あまりの空襲の激しさに途中で諦めたのではないかと、小倉さんは推測している。

変わり果てた母の姿を見て、涙も出ないほど呆然と立ち尽くしていた小倉さん。そこに、トラックがやってきたという。

「2台のトラックが私の後ろに止まったんです。1台は兵隊さんが乗ってました。もう1台のトラックには、死体がね、どーんと積んであるんですよ。半焦げになった人が割と多かったですがね。

で、兵隊さんが降りてきて、水に浸かっているうちのお袋を二人で持ち上げて、バーンってトラックに放り投げるんですよ。そして僕にね、『この死体は、大きな穴を掘ってね、そこへ土葬をすることになっている。敦賀市のお役人が、死体の検死をして確認するから、そこへ来なさい』って言うんです。

その兵隊さんのトラックに乗せてもらって、僕は大きな穴が掘られているところまで行った。それでね、敦賀市のお役人が、死体を確認して、大きく掘った穴の中へどーんと死体を投げ入れたんです。土葬ですね。その頃、もう言うたら、焼く燃料がないし、夏だったからすぐに腐敗してしまうから。いまでもあるんじゃないかな……その土葬の跡というのは……僕は行ったことないですけど。

戦争っていうのはこんなものかって。ショックですね、どうやって生きていけばいいか分からんし。あの光景って、思い出すとほんとにすごかったな。死体がどんどん投げ入れられていくんですよ……」

即席で掘られた穴に、他の死体とともに投げ入れられた亡き母の姿は、いまも脳裏に焼きついている。13歳で突然母を奪われ、孤児となった小倉さん。この日を境に、人生が大きく変わっていくことになった。

親戚からの冷たい仕打ちが何よりつらかった

一人になった小倉さんは、近所に暮らしていた親戚の家に身を寄せることになった。しかし、家族ぐるみでつきあっていつも優しかった親戚の態度は、以前とは違うものに変わっていたという。

親戚の家で何があったのか。当初小倉さんはあまり話したくないようで、具体的には教えてくれなかった。それでも当時のことを深く理解したいと、何度も繰り返し尋ねると、ようやく次のように教えてくれた。

「なんでお前は生まれてきたんだ、なんでわしらがお前を見なきゃならんのやと、しょっちゅう言われて。親の悪口も本当につらいんですよ。僕には何も関係ない。お前のおかんはアホでどうしようもなかったと……そう思ってたのかもしれないけど、母を亡くした子どもに対して聞かせることじゃないでしょ。

　叩かれるよりも、ものを食べさせてくれないよりも、その方がよっぽどこたえて……親戚にいじめられるほどつらいことはない。他人にいじめられるのは、ある程度耐えることができるけど、肉親だけにね、それが一番つらい。いままであんちゃん、姉ちゃん言うてつきあってたのが急に変わってしまうと、ショックが大きいんですよ」

　どの家も食べていくだけで精一杯だった終戦直後。親戚とはいえ、自分の子どもに加えて、よその家の子どもを新たに受け入れて、面倒を見ていかなければならないというのは、経済的な負担もとても大きかったのだろう。優しかった叔母は、「本当によく食べる子だね」と毎日のように嫌みを言い、母親のことも悪く言った。仲良しだったいとこからも「なんでお前がいるんだ、邪魔だ」と連日いじめられたという。

　この後、長い間、路上生活をすることになった小倉さん。しかし、振り返ってみても、親戚にいじめられることほどつらいものはないという。

　小倉さんは、親戚からの冷たい仕打ちに耐えられなくなったとき、よく、親戚宅の近くにある浜を一人で訪れていた。そんなことを繰り返していたある日、浜辺で波の音を聞いているときに、親戚の家を出て、どこか遠いところに逃げようと決意を固めたという。

そのとき、よっぽど落ち込んで、思い詰めているように見えたのだろうか。小倉さんの姿を見た地元の漁師が心配して近づいてきて、「変なことを考えたらあかん」と声をかけたという。

しかし、小倉さんは、覚悟を決めていた。あてがあるわけではないが、親戚の家を飛び出して、一人で生きていく決意が固まっていた。

当時、小倉さんのように、戦争で親を失って孤児となり、親戚宅に身を寄せることになった子どもたちがたくさんいた。取材をさせてもらった戦争孤児の中でも、親戚宅での居心地の悪さ、冷たい仕打ちを訴える人は多かった。親さえいてくれたら、こんな我慢をする必要はなかったのにと、口をそろえる。

ただ、つらい思いを抱えながらも、厳しい経済状況の中で面倒を見てもらったことに恩を感じているところもあり、カメラの前で具体的に証言をしてくれる人はなかなかいなかった。多くは悔しさを飲み込んで、その後の人生を生きたのだろう。


「僕だけじゃなくて、当時多くの子どもたちがつらい目にあっていたと思うな。そりゃあ誰だって自分の子どもの方がかわいいに決まっているじゃないですか。だから親戚だけが悪いとは思わないよ。

ただ、いままでは仲良く遊んでいたのに、親が突然死んでしまって寂しくてしょうがない中で、自分だけ朝早く起きて、ご飯炊きやら洗濯やらをして、子守までしなければならない。その上、邪魔者扱いまでされる。そんなの耐えられれますか。僕は、戦争孤児の中でも一番泣いていたのは、親戚の家に預けられた子どもたちだったと思うよ」

「駅の子」になる決意、仲間との支え合い

親戚の家を飛び出した小倉さんは、警察に保護され親戚宅に戻されることがないように警戒しながら福井駅へと向かった。福井駅のバラックのような仮の待合室で、小倉さんは同世代の仲間と出会った。山ちゃんとカメちゃんという二人の少年。福井駅では「駅の子」はそれほど多くなく、子どもだけで行動していた彼らは目立っていたため、自然と近づきすぐに打ち解けたという。

この後、長期にわたって苦楽を共にすることになったが、小倉さんは、山ちゃん、カメちゃんの生い立ちを一切知らない。子どもたちの間では、過去については互いに聞かない、話さないというのが唯一といっていいルールだったという。

「山ちゃんはヤマモトタケシと名乗っていたけど、おそらく偽名だと思うよ。君はどっから来たとか、家族はどうしたとか、絶対に聞かなかった。そんなことを話しても何にもならなかっ

たから。そんなこと僕たちの間ではどうでもよかったんですよ。

過去はしゃべらないルールだったけど、特にお袋の話は禁句だったな。絶対に言わない。言ったら必死に耐えていたものが崩れてしまうような気がしたからね」


一緒に行動する心強い仲間はできたものの、腹が減って体に力が入らない毎日だった。そのため、日中はあまり動かず、ただただぼーっとしていることも多かったという。エネルギーを消費しないようにと、子どもながらの生きるための知恵だった。

しかし食欲を抑えることはできない。食料を確保するために、やむを得ず、盗みに手を染めるようになった。仲間の山ちゃんは、泥棒の名人だった。お金のありかが分かると言って空き巣に入り、金目のものを盗んだ。


「山本くんが泥棒の名人で、焼け残った家に泥棒に入るんですけど、まあそれが上手なんですよ。山本くんはお金のにおいがするといつも言っていたな、俺にはさっぱり分からなかったけど。

お金のにおいがするという家にちょっと入っていってね、お金のにおいってなんなんでしょうね、それだけはいまだに分からないなあ……。泥棒の神様ってのがいるんでしょうね。なんでしょうね、あれは。僕もカンが割と鋭いですけど、あの泥棒のカンっていうのは、僕には分からんかったな……窓枠からガラスをうまく外して、パッと入っていって盗ってくるんです」

盗みの名人、山ちゃんにすべてを任せっぱなしにしておけばいい、というわけではなかった。山ちゃんが留守宅に盗みに入っている間、小倉さんとカメちゃんは、表の入り口や裏口など、人が出入りする場所に見張り役として待機し、周囲を警戒する役割が与えられていた。生きていくためには、３人で力を合わせてのチームプレーが必要だった。

窃盗《せっとう》に成功し、お金が手に入るとすぐに闇市の屋台に直行した。そこで、すいとんやカレーなどを、有り金のほとんどを使って買い、３人で地面に座って貪《むさぼ》り食った。

「ぎょうさん金が入ったときにはね、バカ食いするんですよ。カレーライスやすいとんやら売っていましたね。どか食いしてすぐに金を使ってしまうから、また泥棒に入らなければいけない。もちろん、当時も窃盗なんかいいと思ってやってないんですよ。でもそうしないと生きられなかったんだから。生きられない人はみな死んでいったんだ、餓死して」

「サツマノカミ」で大阪へ

小倉さんたちは、列車を使って、各地を転々とする生活を始めた。なぜ各地を移動したのか。小倉さんは、一種の現実逃避だったと振り返る。列車に乗ってまだ知らない土地に向かっているときだけは、つらい現実から抜け出せ、どこか素晴らしい世界に連れていってもらえるような気がしたのだという。

小倉さんが列車に乗って全国を転々としたことをインタビューで話してくれる中で、「どこに行くときもサツマノカミでしたよ」と言った。私が何のことか分からずに困った表情をしているのを見ると、こんなことも知らないのかというような表情を見せながら教えてくれた。

当時、孤児の間では、列車への無賃乗車のことを「サツマノカミ」という隠語で呼んでいたのだという。その心は、昔、「薩摩守忠度《ただのり》」という武将がいたことにかけているのだという。

「駅の子」の経験がある方への取材の中で、こうした隠語を聞くことは度々あった。つらいことも多かった生活を、少しでも楽しんで過ごしたいという気持ちが伝わってきた。

話を元に戻す。小倉さんたちが「サツマノカミ」で目指したのが、福井から最も近い大都会、大阪だった。一度も行ったことがない、憧れの町だった。

「この汽車がまた大変で、もうすし詰め。ね、女の人なんかもう気の毒に、おしっこもできないでしょ、あれは。トイレのところまで人が乗ってましたからね。
そして、いまでも覚えていますけど、カメちゃんがそのとき、どこでパクってきたかな。これくらいのね、弁当箱を盗んできた。あれはね、梅干しのしその入ったご飯でね、それを食べて大阪へ行ったんです」

大阪に着いた3人は、その駅の大きさ、人の多さに、圧倒された。そして、駅には、家を失ったと見られる人たちがたくさんいた。

「大阪はすごかったな……大阪行って、初めてのお出迎えは、駅の待合室にぎっしりといるホームレスのおじさんやら子どもたち。端から端までぎっしりだった。においもすごかったけど、自分たちの服装もひどかったよ。家出したときは割と、まあまあの格好してたけど、それから1カ月経ってたから、だんだんと服も破れ始めて、しかも夏だからね。
でもそんな汚い格好したおじちゃんたちがね、教えてくれるんですよ。もう食べ物の話ばっかり。ホームレスのおいちゃんが、あそこへ行ったら何でも売ってるよって。省線電車に乗ってね……三宮のガード下……この闇通り、あの闇市が一番大きい感じがするな。いろんなものが売られていましたよ」

先に紹介した内藤さんが、神戸空襲の後に「駅の子」として過ごしていた三宮の闇市に、小倉さんもやってきていたのだ。関西でも、泥棒の名人、山ちゃんの腕を頼りに空き巣を繰り返しては、食べるためのお金を得て闇市に行く暮らしをしていた。

目の前で一人死んでいった女の子

しかし、ここで小倉さんが、どうしても忘れられないという出来事が起きた。

昭和21年10月下旬、大阪駅で夜を過ごしていた小倉さんたちのところへ、小さな女の子が無言で近づいてきた。裸足で、片方の足の甲が大きく腫れ上がっていて、お腹を空かせていそうだった。ほとんどしゃべらなかったが、小倉さんたちは自分たちが持っていた食べ物を分けてあげるなどし、その日から、一緒に寝るようになった。しかし、日に日に衰弱していき、数日後に亡くなってしまったという。

「10月の終わりかな、子どもが一人……死んだ……あれはまたショックなんですよね。捨て子だったのかな、戦災孤児だったのか分からないけど、餓死です。靴なんか履いてない。僕はその頃下駄履いていましたけど、女の子は靴履いてなくて裸足だった。8つにもなってなかったかなあ……。

その頃ね、高粱饅頭《コーリヤンまんじゆう》を売ってて……あの赤い……知ってます？ 高粱。その饅頭がね、割と安かったんだね。それを、ちょっとお金が入ったときに買ってね、大阪駅で晩に食べたりして……それを分けてね。何にもものを言わないんだけど、2日ほど寝たな、僕、その女の子と。

そしたら2日目にね、路上でね、大阪駅の前で死んでた。かわいそうだった……もう、そのときはね、ホームレスのおじちゃんたちも、僕らも泣いたな」

小倉さんはこぼれて頬を流れる涙を拭きながら、語気を強めた。

「この子は何のために生まれてきたんだか。おいしい物も食べずに死んでしまって。それがね、ジープに乗ってね、大阪府の職員かなんか二人組がやってきて、これくらいの石炭箱……石炭入れる箱があって、その箱の中にポイッと死体を放り込んでどっかに行っちゃった。本当に忘れられない。青春にも入らず、おいしい物も食べられずに……何のために生まれてきたんですかね、この女の子は……」

小倉さんの脳裏にいまでも強烈に焼きついている、大阪駅での小さな女の子の死。当時、こうして路上生活者が駅の周辺で亡くなっていくことは、決して珍しいことではなかったようだ。
大阪駅のガード下には、終戦直後から、主に浮浪者や孤児たちの保護を手がけていた大阪市立一時保護所、梅田厚生館と呼ばれる施設があった。ここで館長を務めていた五十嵐兼次さんは、毎日、一日の勤務を終えると、他の職員とともに、大阪駅付近を見回ることを日課としていた。そこで見聞きしたことを書き残していた手記にも、当時の大阪駅のすさまじい日常が、記録されていた。

〈大阪駅付近は、スリ、かっぱらい、恐喝等々、百鬼夜行の有様で、浮浪している人々の大部分は、この連中の手先となって、知らぬ間に悪の泥沼に落ち込んでいくのである。昼間、彼らは姿を消しているが、夕方になると、どこからともなく集まって来て、駅の待合室といわず、通路といわず、汚い身体を遠慮無く、寝転ばせて、中には地下道のかつては美しい衣類や高価な装身具の飾られていたであろうショーウィンドーの中にまで、莚《むしろ》、古新聞、ドンゴロス（麻袋）等を持ち込み、幾人かが重なって横たわり、悪臭を放つ有様は、地獄もかくやとばかりの状態で、旅行者を辟易させていた。今日は粉雪まじりに風が吹いて、いつもより寒さがこたえる。こんな日には、また幾人かの凍死者がでるに違いない。昨日も遅くまで見回って、安心して帰ったのに、今朝、出勤してみると、警察と駅より、四名の死亡者のあった事を知らされ、

大阪駅での行路死亡人と行路病人（昭和20年11月～21年12月）

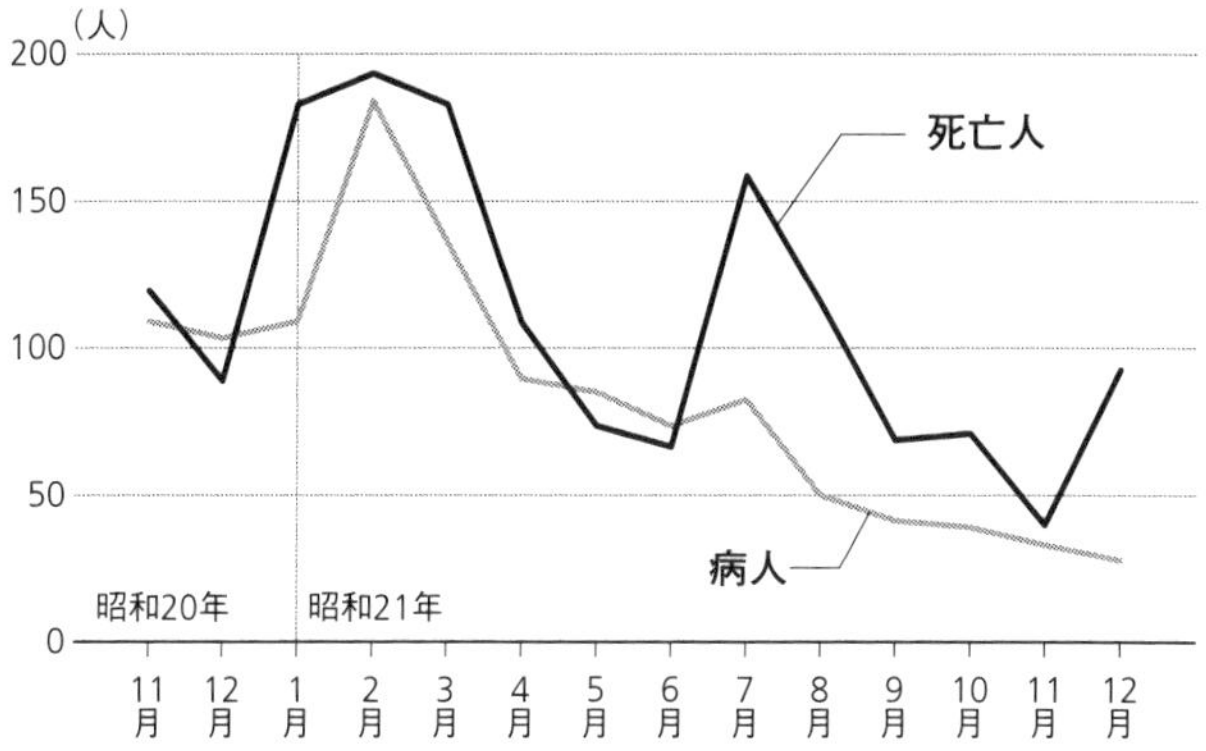

梅田厚生館調（『梅田厚生館① 鳴りひびく愛の鐘』より）

早速、葬儀屋の公益社へ電話を入れる有様である（中略）この気の毒な人たちは、飢えと寒さの為、毎日何人かが死んでいく。厚生館には死体処理の為の四人の従業員がいるが、今日は死体が何個と報告、道を通る人々も、一人や二人死んでいても、別に不思議に思わない。それは自分が、あえぎ、あえぎの生活である為、他をかえりみる余裕など、誰しも持ち合わせていなかったためである〉

五十嵐さんの手記には、梅田厚生館が扱った、昭和20年11月～21年12月までの行路死亡人、行路病人の人数をまとめた表も掲載されていた。食料不足や寒さによって、上野と変わらず、大阪でも死が日常にある、異常な光景が広がっていたことが分かる。

突然視力を失った絶望

劣悪な環境の路上生活の中で、ついに、小倉さんの体にも異変が起きてしまった。昭和21年11月のある日。日が暮れると、いつものように大阪駅の待合室に陣取り、山ちゃん、カメちゃんと一緒に眠りにつこうとしていた。しかし、徐々に寒さも厳しくなってきてなかなか寝つけないでいると、突然、強烈な頭痛に襲われたという。

「急に頭が割れそうになって痛み出して、強烈な吐き気と頭痛です。もう死ぬかもしれないと思ったな。もともと強い近視で、目はあまり良くなかったんですけど、はっきりとした原因は分からない。物を食べてなかったから栄養失調になっていたというのも、影響しているかも分からないけど」

浮浪者たちが眠りにつく真っ暗な待合室で、一人強烈な痛みに耐えようとうなされる小倉さん。寝ている大人たちは、響き渡る小倉さんのうめき声をただただうるさそうに睨《にら》みつけるだけ。知らない子どもを心配してくれるほど、心に余裕のある人などいなかった。

そんな中、小倉さんの異変に最初に気づき、自分のことのように心配してくれたのが、仲間のカメちゃんだった。「だいじょうぶか、だいじょうぶか」、そう声をかけ続け、夜通し小倉さんの背中をさすって介抱してくれた。

しかし、カメちゃんの介抱もむなしく、翌朝、小倉さんの右目の視界は真っ白になり、何も見えなくなっていた。路上生活の中で、突然、視力を失った絶望。自分の人生はどうなってしまうのか、大きな不安に襲われた。それでも行くところもなく、頼る人がいるわけでもない。金もなく、病院に行くことなど考えすら浮かばなかったという。仲間の子どもたちとの路上生活を続けるしか、選択肢はなかった。

終戦から1年以上が経っても、全国各地で多くの子どもたちが苦しみと闘っていた。

「戦争孤児」の保護を後回しにした国

戦前は「国児」として保護する方針

終戦後の焼け野原で、自力で生きることを強いられ、追い込まれていった子どもたち。国は、孤児たちの保護をどのように進めようとしていたのだろうか。

当時の国の政策を正確に理解するのは簡単ではなかった。様々な施策があるのだが、それらの関連がよく分からず、当初は、混乱させられた。

分かりにくくしている原因は、「国レベルでは、文部省と厚生省に分断され、二つがほとんど別個に打ち出されていた」（藤井常文『戦争孤児と戦後児童保護の歴史』）ことによる。国の方針に基づいて、具体的な施策を担う地方自治体のレベルでも、文部省の施策を受け持つ部署と厚生省の施策を受け持つ部署とは分断されていて、どのように関連しているのかが、いまの時点からは見えにくくなっているのだ。

整理すると、終戦後、まず戦争孤児の保護方針を打ち出したのは、文部省が昭和20年9月15

日付で発表した、「戦災孤児等集団合宿教育所に関する件」という計画案だ。各都道府県に250人収容可能な「集団合宿教育所」を創設するという内容だ。

この文部省の動きは、戦時中に推し進めた学童疎開の最中に多く生まれた孤児たちをどのように保護するのかという、喫緊《きっきん》の課題を受けての施策だといえるだろう。

一方、ほぼ同時期の昭和20年9月20日付で、厚生省は「戦災孤児等保護対策要綱」という施策を示していた。この要綱は「大東亜戦争の惨禍に因る孤児増加せる現況に鑑み国家に於いて……必要なる保護育成の方途を講ずるものとす」とした。

ここでは、「個人家庭への保護委託」「養子縁組の斡旋《あっせん》」「集団保護」という3つの保護の方針が示された。「個人家庭への保護委託」というのが、小倉さんのように子どもたちが親戚宅に預けられる根拠となったのだ。ただし、当時、預かった子どもたちに応じて、財政的な支援があったという資料は何も見つからない。小倉さんはこの方針こそが子どもたちを苦しめたのだと考えている。

実は、「戦災孤児等保護対策要綱」には、戦時中につくられたたたき台があった。昭和20年6月28日に厚生省の担当部署で作成された「戦災遺児保護対策要綱案」だ。大都市への激しい空襲などによって多くの孤児が生まれたことを受けて検討された案だと考えられ、戦後発表された対策要綱にある3つの保護方針が、ほぼ同じ文言で示されている。

ここで注目したいのは、両者の「違い」の方。終戦前の昭和20年6月の段階で出された案では、孤児の呼称を「国児」とすべきということを前面に出しているのだ。その意図するところが、「方針」の部分に次のように書かれている。

「戦災に依り、親権者その他の直接保護者を失いたる乳幼児、学童および青少年に対し国家に於て之が保護育成の方途を講じ、殉国者の遺児たるの矜持《きょうじ》を永遠に保持せしむると共に、宿敵撃滅への旺盛なる闘魂を不断に涵養《かんよう》し、強く正しく之の育成を図り、以て子女を有する父兄をして後顧の憂無く、案じて本土決戦に敢闘せしめんとす」

終戦前の国力が消耗し、相当程度追い込まれていた時期であることを考えると、かけ声だけの案という感じも否めないが、戦争で親を亡くした子どもの保護を国家の責任で行うという考えを、はっきりと打ち出している。

具体的な施策を列挙した「要領」の中では、「孤児等の名称を廃し爾今『国児』と呼称せしむること」を提案、さらに、「遺児は総べて市町村において国児台帳に登録せしむる」、登録した遺児については当該市町村長の責任に於いて保護に当たる、としている。

戦時体制の維持、強化を目指した軍国主義的な枠組みの中でではあるが、子どもたちを「国児」と呼ぶなど、国が責任を持って面倒を見るという発想があった。しかし、終戦後に発表された対策要綱では、軍国主義的な要素だけでなく、それに付随していた、国家の責任で親を失った子どもの面倒を見ていこうという発想も、併せて消えていたのだ。

存在を知りながら放置した終戦直後

国が終戦後に実施した施策については分かってきた。次に生じた疑問は、当時の政策担当者たちの認識についてだった。政策担当者は「駅の子」が各地で目撃され、悲惨な状況に置かれ続けていたことを認識していたのか。だとすればどのように受け止めていたのだろうか。

こうした疑問を解消するには、当事者にあたるしかないが、当時の政策を担っていた人たちは、年齢的にも存命の確率は極めて低く、難しかった。当時を研究する専門家への取材や、過去の行政資料などを探る中で、その代わりとなる資料が見つかった。昭和27年に、終戦直後から児童福祉政策を担当した厚生省の役人らが集まって当時について話をした企画、「児童行政の回顧と展望」という座談会の議事録だ。

終戦後、厚生次官を務めた葛西嘉資氏や、戦争孤児の保護や後の児童福祉法の制定などで中心的な役割を担い、厚生省児童局長も務めた高田正巳氏など、戦後すぐに児童行政を取り仕切ったコアメンバーが参加し、当時の思い出をざっくばらんに回想している。

苦楽を共にした信頼できる仲間が集まっての座談会で、同業者に向けての発表が前提とされていたためか、みな懐かしさを感じながら、かなり本音で語っているように見受けられる。

参加者の一人、葛西氏は当時の混乱を次のように振り返っている。

〈終戦の直後の児童行政は、実に思い出しても寒心というのは寒い心のほうですが、よくもああいう状態でおったものだというくらいな状態でありました。戦争前、昭和十四、十五年頃ですかね、厚生省に児童課というものがあり、そうして児童行政というものをとにかく少年救護だとか、それかあの頃は生めよ殖《ふ》やせよという時代でしたから多子家庭の表彰という仕事などをやったのですが、終戦の直後になってみるともう殆んど子どもの事などというのは問題にもならなかった。あのどさくさに会社は全部閉鎖してしまう。そこから吐き出す失業者は非常に多い。外地からは引揚者が六百万も帰ってくる。それから食うに困るものはうんとできるし、軍人の遺家族なんかというものを特別取り扱わなければならない。戦災者という非常に大きな困ったグループができてしまったし、そんなこんなことで全くてんやわんやの状態、これを何とかせねばならんというのが終戦の直後の我々の仕事であったのです〉

厚生省の幹部らは、「駅の子」たちが過酷な状況に置かれている問題を認識していて、当時、国として十分に対応しきれなかったことを自ら認めていた。国内では企業が相次いで倒産し、大量の失業者が生まれる、外地から帰ってくる600万人の引き揚げ者への対応、さらには戦死した軍人の家族への対応などに追われ、戦争孤児への対応は後回しにせざるを得なかったというのだ。

大人たちが始めた戦争によって親を奪われ、終戦後の山積みの課題への対応に追われた国からは放置され苦しんだ「駅の子」たち。まさに、戦争の被害者だ。

奮闘した民間の保護施設
――1000人の子どもを保護した愛児の家

私財を投じて子どもたちを家に連れ帰る

前述の座談会で、厚生省幹部らは、国が孤児たちの保護に有効な手を打てない中、奮闘していたのが民間の保護施設だったとも語っていた。

〈行政の支援が届かない中で、私立の児童保護施設の人たちが本当に自分の使命を忘れずに、役所が手を染める事が出来ない時に、いろいろ児童保護のことをやってその間を繋いだという功績は非常に大きいものがあると思う。当時の『私』の児童保護施設の苦労というものはこれは僕は大変なものだと思います〉

（葛西嘉資氏の座談会での発言）

昭和21年12月の時点での同胞援護会による調査では、全国の孤児収容施設268カ所の内訳は公立が38、民間が222、不明が8となっていて、厚生省幹部の証言を裏づけるように、孤児の保護は、民間の施設による支えが非常に大きかったことが分かる。

国の対策の不足を補っていたという民間の施設の実態とは、どのようなものだったのか。取材を進める中で、戦争孤児と児童福祉の専門家の双方から、よく名前が挙がっていた施設がある。東京都中野区の閑静な住宅街の中にある児童養護施設「愛児の家」だ。

当時の状況について話を聞かせてもらおうと訪ねると、設立当初からこの施設で子どもの世話をしてきたという、石綿裕さんが笑顔で迎えてくれた。

施設の始まりは終戦直後。石綿さんの母、さたよさんのもとに、知人の女性が、上野駅周辺で路上生活をしていた子どもを連れてきたことだった。それまでにも、駅や路上で暮らす子どもたちの惨状に胸を痛めていたさたよさん。すぐに連れられてきた男の子を自宅で受け入れることを決め、一緒に生活を始めた。

一人を受け入れたことがきっかけで、さたよさんは、路上でその日暮らしをする子どもたちを放っておけなくなり、次から次へと、家に連れて帰ってくるようになった。突然始まった、孤児たちとの共同生活。石綿さんの生活は大きく変わったという。

「自分でもよくやってきたと思います。女の子の3人姉妹で育ってきたのに、突然男の子も入ってきて……中にはものを盗むわ乱暴をするわで、大変なお子さんもいたんですよ」

最初は、行政からの支援は全くなく、さたよさんは、保護した子どもたちを食べさせるために、各方面に頭を下げて、食料をもらってきたという。

「母は食べる物が一番、人間食べなければダメ、食べることで人は安心することができるとよく言っていました。とにかくよくあちこちから食べ物を持ってきましたね。

一番印象に残っているのは、千葉の野田ですか、あそこに醬油があるということで一日がかりで取りに行ったんですよ。持って帰ってきた大量の醬油がすごいにおいだったのは忘れないですね。

こういう施設が集まっての運動会なんかもあったんです。母はとにかく負けることが嫌いな性格だったので、運動会当日に、立派なおにぎりをつくって子どもたちに持たせるんです。そうするとそれを見た他の施設の子どもたちが、うちに来ればいい物を食べられると思って、逃げ出してきてしまうこともありました。後で聞くと、手厚くもてなしすぎだと、他の施設からクレームが来ていたようです……」

愛児の家というところに行けば、お腹いっぱいご飯が食べられる。そういう噂が上野駅の子どもたちの間でも広まり、場所を突き止めて訪ねてくるようになった。多いときで100人近い子どもが一緒に暮らすことになったという。子どもたちの保護を始めて最初の2年ほどは、すべて石綿さんの私財でまかなったという。

「一切、援助はありませんでした。母は、戦争前はまず洋服を着たことがなくて、全部和服だったんです。かなりの量を持っていましたね。古着屋さんに来てもらって、それを売りながらなんとかやりくりしていました」

しかし、中には、愛児の家での暮らしが、路上での気ままな生活と比べると窮屈に感じられて、逃げ出してしまう子どもたちもいたという。

「別に堅い規則があったわけではなかったんですけど。かなり自由奔放に生きていた子どもたちですからね。逃げ出していってもまたご飯が食べられるからと帰ってきてはの繰り返しでした。

家からものもしょっちゅうなくなりましたよ。みんな盗んでは上野に持っていって売ってしまうんです。応接間にあった大きい大理石の時計が一晩でなくなったのだけはびっくりしました。どうやって持っていったんだろうと。

でもしばらくして戻ってきてごめんなさいと言うと、よく帰ってきたわねというのが母の口癖でした。来るものは拒まない人だったんです」

13歳で性病にかかっていた女の子も

愛児の家には、当時の子どもたちの様子が分かる貴重な資料が残されていた。昭和20年に施設が設立されて以降、ここに入所してきた子どもたちの身上書だ。家族の情報、入所前にいた場所、施設での日常の様子などが丁寧に記録されている。非常に古いため、紙は変色し、表紙もはがれかけているが、今日まで大切に保管されてきた。

身上書には、これまでに得られた孤児の証言を裏づけるかのように、各地を転々とする子どもたちの様子が記録されていた。ある男の子は、愛児の家に来るまでに10カ所以上を転々としていた。

「福島にいて、浅草の地下道に1カ月ほど、その後に上野の保護所に2週間、本願寺に2日いて、また上野に行って、それで板橋の養育院、割に長しって書いてありますね」

一方で、身上書からは、長期にわたる路上生活で、子どもたちの体が蝕まれていた様子も分かる。多かったのは皮膚の病気だった。

「ここを見てください、疥癬《かいせん》と書いてありますよね。これはすごかったですよ。疥癬になった子たちはかゆくてかゆくてどうしようもなくなってしまう。当時のうちに来た子どもたちの多くがかかっていました。近くのお医者さんがすごくよくしてくれて、タダで薬をくれたんです。それをつけて治療ができたのでとても助かりました」

子どもたちを苦しめていたのは皮膚病だけではなかった。ある13歳の女の子の記録には、路上生活の中で性病にかかっていたという厳しい現実も記してあった。

〈入所してきたときから顔色がすぐれず、つねに寝てばかりいるので、どこか病気があるのではないかと心配していた矢先、足のつけねにひどいしこりができ、普通ではないのでよく医師に検査してもらったところ、『梅毒第三期』と判断、早速注射をしてもらったり、服薬したりしてもらいよくなったが、これも浮浪をしていたときの結果で、勿論幼い本人より、冷酷な社会の罪である〉

当時の職員が、女の子の体を案じ、「冷酷な社会の罪」だと社会の無慈悲を嘆いていた。こうした施設で、心ある人たちによって、傷ついた子どもたちに手が差しのべられていたことがせめてもの救いに感じられた。

伝わらない戦争の記憶

終戦直後に設立されてからすでに70年以上が経ち、いまここで過ごす子どもたちのほとんどが、施設のルーツが戦争孤児の保護にあることを知らないという。

「話をしてもいまの子どもたちは分からないんですよ。ここはもともと戦争で親を亡くした子どもたちを保護していたところなのよと言っても信じられないといった様子で、いくら話をしても伝わらなくてね。ああこれ以上話してもダメだなと思って止めてしまうことも何回もありましたね。

戦争が終わった後の社会がどんな感じだったのか、子どもたちがどんな状態に置かれていたのか、考えもつかないんだと思いますよ。あまりにも平和ですもの……いまは恵まれていますものね」

現在、愛児の家で過ごしている子どもたちは、実の親は健在だが、様々な事情で一緒に暮らすことができないというケースが多いのだという。施設が、戦争で突然親を奪われた子どもたちの受け入れ先として始まったことを考えると、世の中の変化を感じずにはいられない。石綿さんも、その変化を複雑に受け止めているようだった。

「入っている理由は設立当初とは全く違っています。世相の流れはどうしようもないですね。ただ、一つだけ変わらないと思うのは、どんな子どももお母さんが大好きなんですってことです。これだけは、お母さん方にぜひ分かってほしいんです。いまのお子さんも本当にお母さん大好きですね」

「靖国の遺児」と呼ばれた子どもたち

「社頭の対面」という国家イベント

取材では、当時の時代背景や国の方針などをより正確に理解しようと、様々な分野の研究者にも協力してもらった。取材した研究者は、大きく分けると、児童福祉を専門とする人、教育学を専門とする人に分かれる。

その中で、近代教育史を専門とする、学習院大学の斉藤利彦教授との出会いは、新たに取材すべきテーマの発見につながった。

長年、国家と子どもの関係について精力的に研究に取り組んでいる斉藤さんは、取材させてもらった当時、父親が戦死した子どもたちを対象にした戦時中の国家的なイベントについて調査をしていた。「社頭の対面」と呼ばれた企画。日本各地から選抜した遺児たちを年に一度、東京・九段下の靖国神社に招待し、名誉ある戦死を遂げた父に再会させるイベントだという。

これまであまり注目されてこなかったこの企画について、斉藤さんは全国各地の公文書館や図書館、古本屋などに点在する資料を丹念に収集し、分析していた。

収集した様々な資料からの情報をまとめると、「社頭の対面」は、次のような企画だと教えてくれた。

昭和13年10月、日中戦争で日本軍に犠牲者が増え始めていたことなどを背景に、天皇は、軍人援護に関する勅語を発布。それを受けて恩賜財団軍人援護会が設立されると、その目玉の行事の一つとして、「社頭の対面」が企画された。第1回目が実施されたのは、設立翌年の昭和14年。参加する遺児は、日本の各都道府県からだけでなく、満州や樺太などの外地からも招待されていた。東京に集合した遺児たちは、靖国神社を訪れ、亡き父との「再会」を果たす。そしてその後、講堂に集められ、皇族や、各大臣などからの訓辞を聞く式典にも出席していた。戦局の悪化を受けてか、最後の開催となった昭和18年までの5回で、参加した子どもたちは、のべ1万8000人にのぼった。当時としては、かなり力を入れ大規模に行われていた。

終戦後、国の「駅の子」への対策が後手に回ったことについて取材してきた私は、「社頭の対面」という企画に強い関心を持った。戦争が終わるまでは、親を亡くした子どもたちに対し、国が終戦後とは全く違った姿勢を見せていたように思えたからだ。

そして当時、「社頭の対面」に参加していた人から、直接話を聞いてみたいと思った。そこで、当時、靖国神社に招待された子どもたちが残した文集を収集し、そこに掲載されている名前と小学校をヒントに、「社頭の対面」に参加した人を探すことにした。住所などが判明したおよそ400人に手紙を出したところ、20人ほどから連絡をもらい、直接話を聞くことができた。「社頭の対面」について、すでに忘れてしまったという人もいたが、ほとんどの人の記憶には、いまでもはっきりと刻まれていた。

「誉れの子」と称えられた面家敏之さん

話を聞かせてくれた人の中に、「戦争をしているときと、敗戦後では、親を亡くした自分への扱いが全く違っていて、裏切られたような気がしている」と訴えた人がいた。広島市安佐北区に暮らす面家《おもや》敏之《としゆき》さん（86歳、昭和7年生まれ）。脳出血を患ったことで右半身に麻痺が残り、しゃべることが少し不自由になったというが、記憶にある範囲で私たちの取材に協力してくれることになった。

広島市中区西十日市町で生まれた面家さんは、父母、妹二人の5人家族で暮らしていた。祖父の仕事を継いで大工をしていた父親に、昭和12年10月、地元の連隊から召集がかかった。それからすぐ、日中戦争のために、中国大陸に向けて広島の宇品港から出征する父を、母とともに見送りにいったことをなんとなく覚えているという。

その父の戦死を知らせる電報が届いたのは、召集から7カ月後の昭和13年5月。生きて帰った戦友からの情報によれば、突如戦闘に巻き込まれ、頭部に銃弾が貫通して亡くなったという。面家さんは、父が亡くなる1カ月ほど前に、中国から家族に届いた手紙を大切に保管していた。そこには、戦闘が想像していた以上に激しいこと、あと1カ月ほどで凱旋帰国できそうだということ、そして最後には、面家さんの母に向けて、万が一のことがあったら子どもを頼むと書かれていた。

面家敏之さん（写真提供：NHK）

一家の大黒柱を突然失った面家さん一家の生活は、一変して苦しくなった。3人の子どもを育てるために、母親が懸命に働き始めたのを覚えている。早朝は新聞配達、昼は学校の給食の調理師、夜は喫茶店で働き、子どもたちに苦労をかけないよう必死だったという。しかし、面家さんには、つらそうなそぶりは一切見せなかった。そんな母の姿を見て、面家さんも妹と一緒に、早朝、母の新聞配達を手伝うことにした。

そんな中、父が戦死したことで「誉《ほま》れの家」と呼ばれ、学校や地域の人たちから大切にされるようになったことが、面家さん一家の支えとなった。家の玄関には、「誉れの家」と書かれた札が置かれ、父が立派な戦死を果たした家だと、みなに分かるようになった。また、面家さんきょうだいは、「靖国の遺児」と呼ばれるようになり、学校でも先生から大切に扱われたという。

学校の先生は生徒たちに、「面家くんのお父さんは、立派な戦死を遂げた。面家くんが困っていることがあったらみんなで助けてあげましょう」と教室で話をし、実際に多くの生徒は優しく接してくれた。面家さんがいまも持っている学校での集合写真では、中心に写る先生のすぐ横に面家さんが座っている。先生が、「面家、横に来い」と言って便宜を図ってくれたのだという。

名誉な役割とされる、学校の校旗を掲げる役も任された。母親も、子どもたちが「靖国の遺児」と呼ばれ、大切にされる様子を、喜んでいたという。

父が戦死した家を「誉れの家」、その子どもを「靖国の遺児」や「誉れの子」と呼んで名誉を称え、地域を挙げてサポートしようとする動きは、面家さんの地域に限らず、この頃、全国各地で展開されていた。

「早く立派な兵隊になって、父の敵をとりたい」

面家さんに、「社頭の対面」への招待の話がきたのは小学5年生のとき。広島県代表の遺児として靖国神社に招待する生徒に選ばれたという通知が届いた。そして昭和18年3月、広島県内各地から集められた遺児とともに、列車で東京へと向かった。面家さんにとって、初めての東京だった。

靖国神社を訪れたときのことははっきりと覚えていた。

「入り口のところにある大きな鳥居には驚いた。境内も広くて、ずいぶん立派なところに連れてきてもらったなと思った記憶があります。そりゃ当時はすごくいい気持ちだったね、うれしかったですよ。死んだ父に本当に会えるという気がしてね……」

一方で、主催者が力を入れていた講堂での式典については、ほとんど記憶がないという。記録によれば、面家さんが参加した昭和18年の式典には、全国からの遺児が日比谷公会堂に集められ、内閣総理大臣兼陸軍大臣・陸軍大将東條英機をはじめ、厚生大臣・陸軍軍医中将小泉親彦、海軍大臣・海軍大将嶋田繁太郎、軍事保護院総裁・陸軍大将・男爵本庄繁、軍人援護会総裁朝香宮鳩彦《やすひこ》王も列席し、それぞれ子どもたちに訓辞を述べている。

この式典の様子は、当時のメディアでも大々的に取り上げられていた。NHKのアーカイブスに残されている当時のラジオ番組の番組表を確認してみると、昭和14年から18年まで、毎年、特別編成で生中継されていた。

　また、ラジオだけでなく、遺児の靖国参拝や式典の様子を記録した映像も残されていた。その一つが、現在は朝日新聞社が所有している、昭和14年の「朝日世界ニュース」という記録映画だ。

　映像は、靖国神社参拝の前日に、全国各地の遺児代表たちが、都道府県ごとに列車で東京駅に到着するところから始まる。駅では、各県の県人会や、愛国子女団、愛国婦人会などというたすきをかけた人たちが遺児たちを熱烈に歓迎している様子を捉えている。

　その後、各都道府県名が書かれた旗を持つ人に引率された児童らが、皇居正門や正門石橋を望む宮城前広場の砂利道を歩き、皇居を見学。そして、翌日午前中には九段軍人会館の講堂で、皇后から下賜された菓子の伝達式が行われる。会場は子どもや関係者で埋めつくされ、盛んにフラッシュを浴びながら、壇上で広瀬久忠厚生大臣から遺児代表へと菓子の目録が手渡される。壇上には、板垣征四郎陸軍大臣、本庄繁軍事保護院総裁ら来賓の姿がある。

　映像の最後には、遺児の代表が、来賓を前に登壇し、次のような答辞を述べるところも記録されていた。

〈ただ今は畏《かしこ》くも皇后陛下のありがたき御沙汰を拝し、一同恐懼《きょうく》感激の極みであります。私どもの父は先に聖戦に召され、男子の本懐として勇んで出征いたしました。武運拙く戦死いたしましたが、天皇陛下の御為に一身を捧げたことを、父は深く満足に思っていることと存じます〉

映像が残っていたことで、当時の雰囲気をリアリティを持って理解することができた。式典は、国家の中枢にいた政治家、軍人、皇族が参加して、厳《おごそ》かな雰囲気の中で進行していた。想像していたよりもかなり大がかりだった。

「社頭の対面」の狙いはどこにあったのか。前出の学習院大学の斉藤さんは、この厳かな雰囲気こそ、国家の緻密な計算によってつくられたものだったと分析する。

「『社頭の対面』の目的は、単に遺児を慰めようとすることだけではありません。親が戦死した遺児の存在や、そうした子どもたちへの国家としての姿勢が、戦争を遂行する中で、一般の国民にどのように影響するのかを緻密に計算していたのです」

「社頭の対面」を企画した責任者であった遠藤五郎軍人援護会援護部長が書いた「戦没者遺児靖国神社参拝事業に就て」という論考が残されている。

〈遺族援護の重点は遺児を守りたて、心身共に立派なる日本人となすという趣旨から、参拝の目的も亦遺児の精神を教化し、父の遺志を継がしむるということであります。参拝後の感想文を見ますと、皇室の殊遇に対する感激、亡き父の偉勲を偲びて自らも亦忠義を尽くさんとの覚悟、嘗ての父を瞼に浮べて、母や弟妹の近況を報告する可憐な心情、これらの感激は童心深く肝に銘じ、永久忘るることがないと思ひます〉

〈式典には宮内大臣、陸海軍大臣が参列せられ、極めて厳粛裡に行われるのであります。厚生大臣は御下賜あらせられたる旨を伝達し、次いで遺児総代は御紋果を拝戴し、大臣の訓辞に対し答辞を述べ、更に陸海軍大臣の訓話を聴き、式を終わるのであります。遺児は、皇室の殊遇に感激し、各大臣の英姿に接し、訓辞や訓話に自己の責任を自覚し童心に深き決意を起こさしめることになるのであります〉

〈この事業は国民に大なる感動を起こさしめました。従って遺族としましては、ほまれの家としての名誉と矜恃を保持する気持を一層深からしめ、国民には遺族に対する尊敬の念を一層高調せしめ、殊に一般青少年に対し、尽忠報国の精神を昂揚せしむるに効果ありと信じています〉

親を戦争で亡くした遺児を慰め、励ますだけでなく、一般国民への働きかけも意識した、まさに緻密に計画されたイベントだったことが分かる。

広島県から「社頭の対面」に招待された面家さんは、靖国神社への参拝、そして東京での式典に参加してから、早く立派な兵隊となって、父の敵《かたき》をとらなければならないという思いを強くしたという。

「もうちょっと年が上だったら特攻に志願していたよね。絶対に行っていたでしょうね」

国策雑誌の密着取材を受けた八巻春夫さん

当時、「社頭の対面」はあらゆるメディアで大きく取り上げられた。その一つが「写真週報」という雑誌。日中戦争が勃発した半年後の昭和13年2月に創刊され、敗戦直前の昭和20年7月まで国が刊行していた写真雑誌である。発行元は内閣情報部（のちに組織改編によって情報局）。政府の進める政策を、国民に分かりやすくアピールするのが目的の、いわば国策の広報誌だ。

「社頭の対面」についても、度々特集で取り上げていた。その一つが、昭和16年3月に刊行されたもの。「社頭の対面」に参加したという少年の写真が表紙を飾っている。緊張からか、顔

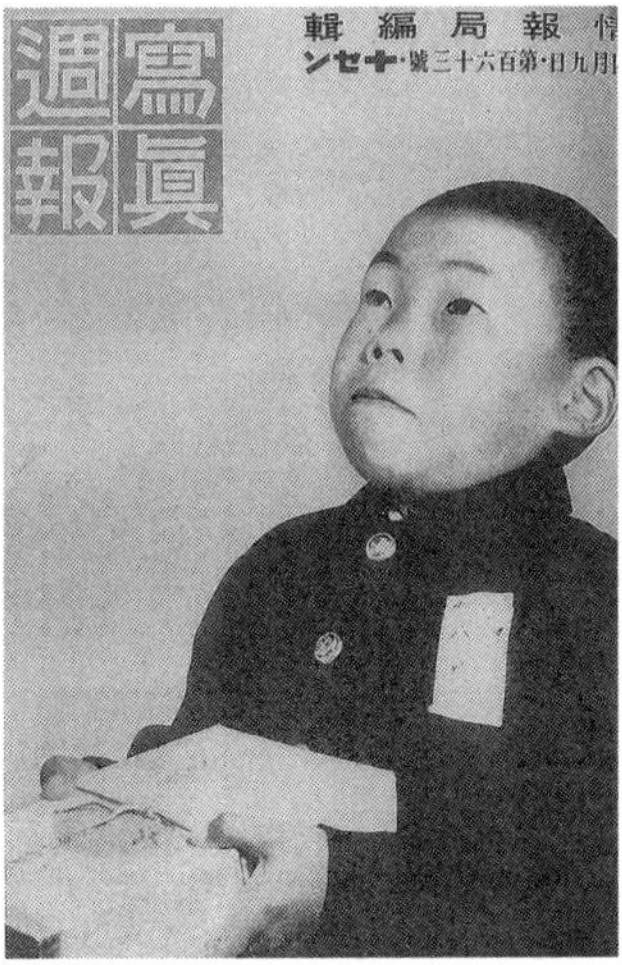

「靖国の遺児」を特集した「写真週報」表紙
（昭和16年3月刊）

がこわばっているように見える少年。よく見ると頬には一筋の涙が流れている。

特集記事では、少年が、靖国参拝のために東京に出発する前日に自宅で風呂に入る様子、東京に出発する様子、そして出席した式典の様子などが伝えられ、出発前から密着取材されていたことが分かる。

取材を進める中で、この写真の少年が、山梨県南アルプス市で暮らしていることが分かった。昭和16年に「社頭の対面」に参加した八巻春夫《やまきはるお》さん、88歳（昭和5年生まれ）だ。父は日中戦争で戦死、母も間もなく病死し、孤児になった。祖父母に面倒を見てもらっていたが、生活は楽ではなかったという。祖父母と一緒に家の前で撮った写真を見せてくれた。

「この写真を見てください、服なんてぼろぼろでみすぼらしいでしょ」

苦しい生活の中、八巻さんのもとに、靖国神社で行われる「社頭の対面」に招待するという

八巻春夫さんと祖父母(写真提供：八巻春夫)

知らせが届くと、祖父母はとても喜んだ。その様子を見て八巻さんもうれしい気持ちになったという。そしてその直後に、「写真週報」の密着取材の話が持ち込まれた。

取材が始まったのは、靖国神社に出発する前の日。東京から担当の記者とカメラマンがやってきて、いろいろな場面の写真を撮っていったという。八巻さんは、その際に、記者から、過剰な演出ともとれる様々な指示を受けたと証言する。

「この写真なんて、わざわざ山を登って撮影しにいったんですから……」

記事中に大きく掲載された写真。毎日通る通学路で撮影したとされ、見晴らしのいい高台から町を見下ろす八巻さんが写っている。

写真の下には次のようなコメントが添えられている。

〈春夫くんはふた親がないだけしっかりもの「いつも越す

八巻春夫さん（写真提供：NHK）

峠道だにおいら一人でゆける」と三月二六日途中まで上ってきたお友達と別れて、一人ぼっちで峠を越す。登校のたびに通るこの峠道、晴れた日には必ず見える富士山普段はめずらしくないその富士が今日はなんとなく懐かしい。振り返り、振り返り眺める富士の晴れ姿に春夫くんの心は強く強く引き締まる〉

しかし写真が撮られたのは、通学路とは全く反対に位置する場所だった。地元の役場の担当者が案内役となり、八巻さんは取材班とともに自宅からわざわざ1時間半もかけて、見晴らしのいい丘まで歩いていったという。

「こんなところ、地元の人だって行ったことがない場所ですよ、私もこのとき初めて連れていかれたもんだからよく覚えています」

こうした写真を早朝から撮影したのち、八巻さんは、山梨県会議事堂前で県内から来た他の遺児たちと合流、20人の子どもたちが昼過ぎの列車で東京へと向かった。

東京に着いてからも、取材班の指示は続いた。東京の各地を見物するときに、他の子どもたちがリュックサックを背負っている中、八巻さんは、風呂敷を背負うように指示されたという。この日のために購入し、持参したリュックサックは背負うことができなかった。実際に撮られた写真でも、八巻さんだけが風呂敷を背負っている様子が写っていた。

「リュックサックを用意していったんですが、風呂敷を背負《しょ》うように言われたんです。だからこの風呂敷の中には、持っていったリュックサックが入っているんです」

「社頭の対面」に参加するため東京に向かう日の八巻さん（「写真週報」より）

（筆者）「こうしてくれとはっきりと指示されたということですか」

「そうそう。おそらく、わざわざ田舎から都会に出てきたっていう風に、写真を見た人に思わせる狙いだったのかなと、いまは思いますがね……」

そして、表紙を飾った涙の写真についても、取材班による「演出」があったと証言した。

「写真を撮る前に、瓶に入っていた目薬をつけられたんですよ。目薬といってもいまのような容器に入ってるのじゃないですよ。スポイトでスタッフが水滴を垂らしたんですよ、目の中に。それで涙のように目からしずくが出てきたところを写したんです。

簡単に言えば、取材しに来た人は、私をかなり不幸な子どもという風に見せたかったんじゃないかなと思いますよ。そういう狙いがあって、この写真を撮ったんじゃないかと思いますね」

当時は、そんなものかと特段の疑問は持たなかったという八巻さん。いま振り返ってみると、戦争中の国民を一致団結させるために利用されたのではないかと感じるようになっている。

「靖国の遺児」から「戦争孤児」になった面家さん

広島から「社頭の対面」に参加し、必ず戦死した父の敵討ちをするという思いを強くしていた面家さん。その後、過酷な運命が待っていた。

昭和20年8月6日の朝。中学校での勤労動員へ向かう途中、アメリカ軍による原爆投下で、爆心地から3キロほどのところで被爆した。

「バーンって光ったっけね、バーンって。一緒にいた同級生みんな、訓練していた通りにぱっと目と耳を手で覆って伏せたんだよね。起きたらすごかったね。あんなんが落ちたとは知らんけんね、最初は大きいガス爆発みたいなものが起きたんだと思った。すぐに自分の家が心配になって、帰らなきゃと思ったから、必死になって帰ったね」

一瞬で景色が一変してしまった広島。家までの道は、ひどいやけどで皮膚が溶けたようになって、泣き叫ぶ人であふれ、川には死体がたくさん並んでいた。地獄絵図だったという。

「いっぱいいた……ものすごいよね。死んだ人というのは、普通なら一人死んでるだけでびっくりしちゃうんだけど、あんまり多いけえ、なんとも思わなくなっちゃうんだよ」

半日かけてなんとか家にたどり着いたが、そこに母の姿はなかった。不安に押しつぶされそうになりながら、必死に近所を探し回った。そして、小学校にあった仮設の治療所を訪れると、そこには変わり果てた姿の母が横になっていた。全身大やけどをし、頭にも大きな傷を負っていた。

「家に帰ったら親はおらんかったね……病院じゃない、小学校の治療院に行ったら、大やけどをしていた。近所に配給を取りにいって持ち帰ったところで、全身大やけど。そこに瓦が落ちてきたみたいで、頭が割れておった」

一番下の妹は、学校に行ったまま行方が分からなくなっていると母から聞き、面家さんが何日も探し回ったが、どうしても見つからなかった。

原爆投下から9日後、8月15日に、日本は終戦を迎えたが、面家さんには全く実感がなかった。終戦を迎えても、母は大やけどで苦しみ続け、原爆投下から1カ月後に亡くなった。

「言っちゃ悪いが、もう途中から嫌になってしまってね。母親の背中はウジだらけ、ものすごいウジがわいてしまって。そんな姿を見ていて、もう死んでもいいと思ってしまったね。『桃が食べたい、桃が食べたい』と言ったのでね、妹がなんとか探して買ってきたのを食べさせたんだけど、それから間もなくして亡くなったんだよね。いま思ったらかわいそうだなと思って……」

父が戦死してから「靖国の遺児」と呼ばれ、地域で大切にされてきた面家さん。原爆投下によって母も失い、戦争孤児となり、親戚の叔父の家に身を寄せることになった。

そこでは、両親を亡くした面家さんと妹の世話を一生懸命にしてくれ、ありがたかった。ただ、これまでのように親に甘えることはもう一生できない。そう考えると、絶望的な孤独感に襲われたという。

「生活は全く変わったよね。親がいるときには、自分の好きなことを言って、わがままを聞いてもらっていたんだよね。いま思えば苦労させたなって思うんだけど。でも母さんも亡くなると、何も言えなくなっちゃって。何かほしいものがあっても黙っているしかないよね、迷惑をかけるわけにはいかないから。学校に着ていくシャツとかも新しいのを買えなくて情けなかった……」

勉強だけはしっかりしてほしいという母親の希望で通っていた私立の中学も、学費を滞納しがちになり、何度も催促された末に、結局払うことができず退学した。そのときの悔しさはいまも忘れることができないという。

「学年が上がる前の3月に何度も何度も学校の先生に呼ばれて、月謝を払えと言われてね。叔父さんにお願いするわけにもいかないでしょ。だから自分の判断でもうやめるしかないと思った」

学校をやめてからは、木工製作所に奉公に出て、建具などをつくる職人を目指して厳しい修業の日々を送った。その後、昭和30年に叔父が営んでいた木工製作所を手伝うことになった。昭和50年頃に、広島で人員を募集していたマツダに就職。車の模型づくりなどの仕事をして定年まで勤めた。

社会に裏切られたという思い

戦時中、「靖国の遺児」と呼ばれ、大切にされた面家さん。戦後、社会が一変したことに、裏切られたような気持ちを持ち続けてきたという。

取材の最後に、「社頭の対面」に参加した遺児たちが書いた文集の中から見つけた、面家さんの感想文のコピーを渡した。

〈社頭の対面　広島市天満校　面家敏之
待ちに待った三月二十八日がやってきました。夢にも忘れぬお父様と対面できる嬉しさに朝は一層早く目がさめて午前八時頃宿舎を出発、雨の中を電車で一路靖国神社へ向かいました。大鳥居の前に立ってその神々しさに自ら頭が下がりました。御社の北入口で、手、口を清め北回廊で神官から靖国神社のいろいろな説明を聞きました。姿勢を正しく昇殿し神前にて静かに頭を垂れて瞼を閉じ「お父様僕はこんなに大きくなり元気でお側に参りました」と心の中に申しますとお父様がうれしそうにわらっておられるような気がして自然と瞼が熱くなりました。「今日の感激を永久に忘れずお父様の名誉をはずかしめないような立派な皇国民となりお母様を助け二人の妹を可愛がってあとは僕がきっとやります」と固く誓い参拝をすませて記念撮影をとっていただき四時頃宿舎に帰りました。（中略）此れもひとえに天皇陛下の御恩、軍人援護会の御陰と深く深く感じ、僕も早く大きくなって天皇陛下の御為に立派なものになろうと深く深く決心しました〉

自身の感想文を読んだ面家さんは、しばらくの沈黙の後に言った。

「全部ね、全部ウソだったと思う。終戦になったら、これまでのことは何にもなかったみたいになって。これじゃあ、親が何のために死んだのか分からないよねえ。戦争が終わってから、父が戦死して損したねとまで言われたことがあって、悔しかった。親が生きていれば違った人生もあったのかな。だいぶ違ったかもしれないよね。でももう、あんまり過去のことは言わないようにしている。昔を思い出すと涙が出てくるけえ」

そう言うと、面家さんは目頭からあふれてきた涙を拭いた。私はその涙を見て、これまで誰にも話さずに封印してきた記憶を思い出し、今回の取材で初めて証言をしてくれたことの重みを感じていた。しっかりと伝えなければならないという思いを新たにした。

第二部 嫌われていった「駅の子」

——復興から取り残され、やがて忘れられ

対策を指示したGHQ

「1週間以内に孤児が一人もいなくなるようにせよ」

終戦後、国が実効的な対策を打てずに放置されることになった孤児たち。行き場を失った子どもたちが、町にあふれる状態が続いていた。

終戦から約1年、その状況に大きな変化が生まれていた。きっかけをつくったのは、日本の占領政策を担っていたGHQだった。

昭和21年の春、GHQの担当者が、日本政府や自治体に、対策をとるよう指示をしたのだ。指示を出したのは、GHQの公衆衛生福祉局の担当課長だったネルソン・ネフ氏。厚生省の幹部や警察、東京都の担当者などをオフィスに呼び出し、いまだに子どもたちが町をさまよっている状況を改善するよう、強く対策を求めた。

前述した（P123）、厚生省幹部らの座談会に参加していた高田正巳氏（座談会当時は厚生省児童局長）は、ネフ課長に呼び出された一人だった。座談会では、そのときの様子を次のように回想していた。以下、GHQの担当者と当時の官僚の関係も垣間見える興味深い証言なので、少し長めに引用する。

〈浮浪児の問題で一番印象深いのは、（昭和二一年）四月か五月の頃だったと思うが、まだ第一相互（ビル）の一階にPHW（GHQの公衆衛生福祉局）がいた時分があるのです。そのときに厚生省、東京都、それから文部省、なんだか役所が七つか、八つくらいで二〇人くらいの人間が呼ばれたのです。それで忘れもせんがネッフという人がいて、あの人が何を言い出すのかと思ったら、とにかく浮浪児は困る、これはアメリカの占領行政の成績にも関係することであるから浮浪児を一週間以内に東京から一人もいないようにせいという。そのときに、ミスターネッフがちゃんと図をかいて準備していたんですね。その準備しておいたシステムをこういう方法でやったらよかろうと自分たちは思うのだが、君たちはどう思うかと言い出した〉

〈それでこれでやれ、君たちはどう考えているかしらないが私はこう思うと示した。そのシステムが今の児童相談所の機構が中心なんです。一斉保護をやって狩りあつめて、そうしてそれを一つのところへ持ってきてそうして、髪をかってやったりDDTをふりまいたり風呂へ入れてやったりしてきれいにしてお医者さんやら何やらかが健康を調べて、そうしてこれはあそこへやったらよかろ、これはあそこへやったらよかろうといって振り分けろ、そういうことをやれと紙に書いて示した〉

〈それでも誰も黙っている、みな当時進駐軍はこわいもんだから。それで私は、厚生省が中心だから、一週間以内といってもそんなことは無理だ、だからしばらく余裕を与えてもらいたい。いま、あなたが図にかいたようなシステムは我々としても妥当なものだと思うし、それに近いようなことを考えておったことがあるのだから、それはそれとして一つの軌道に乗せる。それには予算が要る。予算をとるには予算折衝の期間がある。だからそういう時日を与えて欲しい。とにかく一週間以内にいなくしろといってもその方法は結局一斉狩り込みをやるわけです。今まで都庁なんかやっていました。そういう従来のやり方で極力は努力をする。ただし、一週間以内に一人もいなくしろなんていわれたってそれは無理だ。とにかく努力して少しでもいないようにするし、又、あなたの言われたシステムについては根本的に考えるからと言うことでお許しを願って帰ってきた〉

GHQのいくつもの思惑

GHQの公衆衛生福祉局が日本政府に対して、浮浪児への対策を強化するよう求めた指示。その意図をどのように解釈するべきなのか。

まず注目すべきは、GHQのネフ氏が「アメリカの占領政策の成績にも関わる」と言ったと高田氏が証言していることだろう。ここから透けて見えるのは、アメリカが何としてでも日本の占領政策を成功させなければならないという強いモチベーションを持っていたことだ。

当時、日本の占領政策は、GHQ、すなわち連合国軍最高司令官総司令部という枠組みではあったが、事実上アメリカが指揮をとっていた。アメリカは、焦土と化した日本の各地で、子どもが悲惨な状況に置かれているのを、占領政策の失敗と捉えられることを恐れていたのではないか。当時、すでに「冷戦」の萌芽ともいえる構図が形成されつつあった。ソ連につけいる隙を与えないために、アメリカには、日本の占領政策で評価を落とすわけにはいかないという思いがあったのだろう。

また、日本の都市部の治安を回復させたいという側面もあったと推測される。当時、食料が保管されているという噂を聞きつけた「駅の子」たちが、進駐軍の施設の敷地内にある倉庫に集団で入り込み、盗みを働くということが頻発し、アメリカは日本の警察に対応を求めていた。こうした実害を受けていたアメリカ側は、治安の維持のため、悪さをする子どもたちを取り締まりの対象としたのだ。

一方で、日本に児童福祉の概念をしっかりと根づかせたいという動機があったことも間違いない。GHQのネフ課長が紙に図まで描いて示したという、日本政府がとるべき対策の青写真は、付け焼き刃のものではなかった。路上で暮らす子どもたちが立ち直れるよう、しっかりとケアをしていく一連の対策の必要性を指摘している。後に児童福祉法で規定されることになる、児童相談所での一次保護のアイディアの原型といえるだろう。

GHQが、日本政府の、子どもの人権への意識の低さを問題視していたことを裏づける資料も見つかった。

アメリカの公文書館に保管されていたGHQの公文書、1946年9月9日付の「日本帝国政府宛の覚書：世話と保護を要する児童の提案について」という内部文書には、戦争の影響で浮浪児となった子どもたちが依然として各地で悲惨な状況にあることに対して「日本の官僚の歴史的な無感覚無関心さがこの種の活動において、職員、食料、設備の不足よりもさらに障害になっている」という記述がある。

当時、日本の児童福祉の充実を推進するためには、支援者の数、食料、そして支援施設などあらゆるものが不足していたものの、児童福祉行政をリードするべき官僚たちの意識の低さこそが、致命的な障害になっているという厳しい指摘だ。

孤軍奮闘した国会議員

この頃、戦争孤児の保護が不十分であると批判していたのは、GHQの担当者だけではなかった。終戦から1年が経とうとする中、日本の政治家にも、その境遇を憂慮する声を上げ、待遇の改善に向けて、奮闘していた人がいる。衆議院議員の布利秋《ぬのとしあき》氏だ。

昭和21年8月23日の第90回帝国議会で、布議員は次のように、窮状を早急に改善すべきと政府に対して訴え、建議案を提出している。

〈戦災孤児というものが、大都会の各所に今収容されて居りますが、殊に最も惨めなのは、浅草の東本願寺に収容されて居るのが、数も多いし、また相当惨めな生活をしております。それで其の悲惨な生活は一々ここに申すまでもなく御洞察ができると思います。そうして衰弱して行きます者が刻刻死ぬるということで、薬を充てがふというても薬が与えられぬ、注射液などといふものは全然手に入らぬというような状態にあります、又一方家庭的に預かつておりますが戦災孤児と言うものは、其の監督が悪いためかどういうのであるか、常に逃げ出している、逃げ出しましてそれが無宿者になつてしまう、そうして遂に不良少年に堕ちて行くのがぽつりぽつり増えて参った現状を見まして、ここにこれを指導して行くと言う上と、救護して行くと言う上との二つの建前から、実はこの建議案を出しました、（中略）兎に角実行が出来ると思つて、実行しますといふ約束が出来たならば実行してもらいたい、それが出来ませぬならば、出来ませぬと答へて貰へば、もう政府にはこういう戦災孤児を収容するということに関しても、指導するといふことに関しても、血も涙もないんだといふことが分りますから、そこではつきりする、どちらでも宜しいが一つ答へてもらいたい、答へてもらつたら実行してもらいたいといふことで、建議案を闇から闇へ葬り去らぬように御願ひしたいといふ訳であります〉

布議員の意見に対して、政府の担当者は、形式的な答弁で次のように応じた。

〈今度の戦争の災禍に依つて、発生してきた所の孤児に関する取扱いの問題は、極めて重要な問題でありますことは、只今お話になりました通りだと信じております、現在全国にどれ位の孤児があるかと申しますと、これは概算でございますが、取調べた結果は大体三〇〇〇名前後と推算を致しているのであります、その内訳は乳幼児が大体五〇〇名、学童が二五〇〇名でありまして、こういう多数の孤児が今どういふ状態になつて居るかと申しまするとこの三〇〇〇名の中に親戚とか或は又縁故者であるとかいうような面の保護を受けておりまする者が一五〇〇名であります、其の外に公設、私設の社会事業施設によって収容保護を致しております者が、一五〇〇名というような状況でございます、併しながら今後尚ほ外地引き揚げに依る所の孤児などを考えますと、相当の数が増えて参つて来ると思うのであります、これらの孤児に関しまする所の保護施設に付きましては、政府と致しましても非常に重要な関心を持ちまして、国家の戦争によつて生じた所のこれらの孤児は、先づ国の責任に於て是が保護育成をやつて行かなければならぬと云ふことを痛感致して居ります〉

政府の担当者の答弁の中で突然出てきた、孤児3000人という数字は、事前に詳細な調査をしていたことは確認できず、何を基に算出したのか、根拠が見当たらなかった。

実際に、浅草の東本願寺にあった孤児の収容施設を何度か視察に訪れて、その惨状を目の当たりにしていた布議員には、子どもたちをめぐる環境の改善が切迫した課題だという強い認識があった。政府の都合のいい表面的な答弁や、子どもの保護に取り組む動きの鈍さに対して、言葉を選びながらも痛烈に批判した。

〈洵《まこと》に理窟の立ちましたご答弁でありまして、これ以上何も申上げる点はありません、併し施設を致します為にここに合理的な案をお出しになつて、今から練って見ようというように御考へになりまして、その極めて理想的なことはまことに頭が下りますが、現実は刻々其の日其の日の迫り方でありまして、死ぬる者はその日に死んで行く、既に一年以上も経っております戦災者の孤児というのもに関して、まだ理想的に建設的にそれが進んで居らぬと言うことは、是はどこかに私は責任者が居るのだと思ふ、責任者が居ないはずはないと考へますのは、それだけの児童を預かつて、それだけの配給品をもらって、砂糖も渡さない、あるものも渡さない、それを闇に流して、そうしてそういう者を困らせて居ると言うことを私は相当調べて居る、これは療養の方面も調べておりますが、その方は又別であるますから申上げませぬけれども、そういふ風に下部組織が腐敗し切つている、そういうものの監督さへも、十分にできておらぬというような指導者側の建前を考へて見ますと、算盤上の理窟は洵にごもつともでありますけれども、物は半身不随に陥っておらぬか、実際やりたいと云ふのは洵に結構であるが、やつて置けと言つて書類を下部組織に御出しになつても、それが本当に動いていつたかどうか、本当に動いていつたならば、さうして自分が可愛がつて貰つたことが心骨に徹して居るなら、ああして逃げ出す者もおりますまい、ふらふら不良少年になつて行く者もありますまい、だから自分の恩を仇に代へて子供が皆出て行く、私はそれ等に懐旧談を聴いてみたが、実に呪はしい気持ちになつている、そういうことで社会教育上の指導を長い間おやりになるべく指導されて、国庫の費用をお出しになつていることは憤慨する、浅草の東本願寺の状態を聞くと憤慨する、子供のことを思ふと憤慨せざるを得ない〉

布議員の奮闘は、上記のやりとりのおよそ2カ月後の昭和21年10月12日付の「戦災孤児の指導並に救護に関する建議」として採択された。しかし、もちろん、状況が劇的に改善することはなく、国会での戦争孤児の保護をめぐるやりとりはこの後、児童福祉法の制定に向けて続いていくことになる。

GHQからの対策を求める強い要請、そして日本の国会での問題提起などによって、終戦から1年近くが経って、ようやく、日本政府が、戦争孤児たちへの対策に本格的に動き始めることとなった。

始まった強制収容「狩り込み」

児童福祉の精神からかけ離れた「一斉収容」

ＧＨＱから戦争孤児への対策を指示された国は、昭和21年4月に「浮浪児その他児童保護等の応急措置実施に関する件」、同年9月には「主要地方浮浪児等保護要綱」を相次いで発表した。これらを受けて各地で本格化したのが、自治体による「駅の子」たちの一斉収容だった。

「主要地方浮浪児等保護要綱」は、厚生省の次官が、東京、神奈川、愛知、京都、大阪、兵庫、福岡の知事に対して通知したものだ。その趣旨は「衣食住総べてに亘り窮迫した昨今の社会生活と終戦後激変する社会情勢と相まって、戦災孤児、引揚孤児、その他家庭生活を失った児童等が街頭に浮浪するの状態が現れ、その対策真に緊急を要する実情にあるので、特に主要地方(京浜、京阪神、中京及び北九州)に対し概ね次の諸点に力点を指向してこれら児童保護に重点を置いた浮浪者保護対策を講じようとするにある」としている。

実際の浮浪児の保護の方法を、「発見」「選別」「保護施設収容後の保護」という3段階に区別。第1段階の「発見」の方法としては、常時発見、一斉発見、巡回発見を挙げ、つまりは、どんな手を使っても路上にたむろする子どもたちを捕まえるという覚悟が見てとれる。

こうした、なりふりかまわない孤児の捕獲作戦は、当時、孤児の間で「狩り込み」と呼ばれ、恐れられていた。嫌がる子どもたちを、文字通り「狩り」のように強制的に捕まえて収容することを指し、行政文書でも「狩り込み」という言葉が使われることがあった。

しかし、収容先の施設は数が限られ、食料も大幅に不足していたため、保護された子どもたちは、施設内の劣悪な環境に苦しむことになった。

東京都にあった数少ない公的な孤児の保護施設だった板橋養育院。施設の歴史を記録した『養育院百年史』に、本格化した狩り込みについての養育院の対応が記されていた。

〈昭和二十一年六月、占領軍当局は、「如何なる方法をとるも彼等児童を逃すべからず」という厳しい口頭命令を出した。以後、六月二日から厚生課、警視庁、下谷区役所と相談し、次に掲げる方針の下に強制収容が実施された。

一、施設に厳重な垣を施し児童が簡単に逃げ出せない様にする

二、昼夜交替の守衛を置きて逃亡を監視する

三、上野駅に特に本院より数人の職員を派遣し発見次第浮浪児童を毎日収容する

四、外的に強制収容すると共に内面的には処遇を改善し真に同施設に居る事を楽しむようにする
五、相当の硬教育を施し浮浪習癖の矯正に努めると共に漸次院内生活に馴到せしめること〉

上からの強い要請を受け、養育院でも子どもたちの逃亡を防ごうと強い対策に出ていたことが分かる。当時、養育院で保母として働き、昼夜を問わず奮闘していた金城芳子さんは、回想録の中で、自らも狩り込みに参加した当時を振り返り、次のように記している。

幼少年保護寮

板橋養育院の幼少年保護寮〔逃亡を防ぐために建物は竹格子で囲まれ、さらに柵がめぐらされている〕（『養育院百年史』より）

〈狩り込みには私のような女子職員も出かけた。警察と民政局と養育院が共同でやるのだが、上野駅の地下道、浅草の盛り場、有楽町のガード下へ行くと、汚い格好をした浮浪者がごろごろしている。それをかたっぱしからトラックに乗せていく。かたっぱしからだから、いろんな人種がいた。チンピラ、やくざ、元スリ、あらゆる種類の職人、毛色の変わったところでは元陸軍将校なん

て言うのもいた。子どもたちも、米軍相手、闇成金相手の靴磨きで稼いでいると思われるのもいれば、闇屋の手先、やくざの使い走りもいる。エロ写真売りもいる。(中略) 子どもたちは、幼少年寮に入れられた。ところが、すぐ逃げ出すものだから米占領軍からだしてはいけないときついお達しがでた。幼少年寮のまわりには高い矢来垣をめぐらして、まるで動物園みたいに囲い込むことになった。そして番人に登用されたのが、やくざ上がりやスリ上がりの若い収容者である。(中略) 収容者を見張り番に使うと、前歴が前歴だからドスが利いて凄味がある。ボスとして統率はうまかった。けれども、すぐにボスの力を発揮しすぎ、暴力はふるう、弱肉強食みたいなことになって、たちまち、大問題になってしまった〉

(金城芳子『なはをんな一代記』沖縄タイムス社)

職員の数が大きく不足している中で、収容者が急増していった事情を考慮するとやむを得なかった面もあるとは思うが、治安を乱す子どもたちを町から一掃するために、とりあえず施設に閉じ込めることを繰り返していたのが実態だった。「児童福祉」の精神からはかけ離れた状況だった、当時の様子がうかがえる。

鉄格子の部屋に監禁

子どもたちが送られる施設の待遇がひどかったのは、板橋養育院に限った話ではなかった。子どもの脱走を防ぐために、着ていた洋服や靴を取り上げ、上半身は裸、裸足としていた施設があったという証言も得られた。中には、鉄格子の檻のある部屋に監禁するところまであった。

そんな施設の一つで、当時孤児たちの間で、特にひどい待遇で有名になっていたのが、現在の品川埠頭、当時の「台場」というまわりを海に囲まれた場所にあった、「東水園」という収容施設だった。

一度連れていかれると、簡単には逃げることができないために、「島流し」といわれていたのだという。この施設で撮られたとされる写真では、暗い鉄格子の部屋に押し込められた裸の子どもたちが、悲しげな表情をしながら、外の世界を見つめている。

あまりの待遇の悪さから、決死の覚悟で、海を泳いでの脱出を試みる子どもたちもいて、途中で溺死するという悲惨な事件も起こっていたほどだった。

また、取材の中では、監禁されるだけでなく、強制労働をさせられたという話も孤児本人から聞いた。終日、畑やお菓子工場での作業をさせられ続けた、という証言もあった。

子どもたちの多くは、それまでは、ひもじいながらも自力で食料を得て、何のルールにも縛られずに生活していた。生活力に自信のあった子どもたちは、路上での暮らしの方がマシだと

鉄格子の部屋に押し込められた子どもたち〔東水園〕(写真提供:毎日新聞社)

脱走を繰り返し、当局とのいたちごっこが続くことになった。

檻に閉じ込められた戦争孤児
――伊藤幸男さん

10歳で全国を浮浪する生活に

当時、「狩り込み」にあった子どもたちが置かれた環境はどのようなものだったのか。

実際に狩り込みにあい、鉄格子の部屋に閉じ込められたこともあるという戦争孤児が見つかった。伊藤幸男さん、83歳（昭和10年生まれ）。

伊藤さんのことを初めて聞いたのは2016年12月、別の取材で訪れた、群馬県にある児童養護施設だった。

私は、平日夜9時から毎日放送している「ニュースウオッチ9」というニュース番組を担当する部署に所属していた。毎日、その日に発生した事件・事故の現場に駆けつけたり、話題となったテーマを掘り下げる取材をしたりして、夜には放送に出すという日々だった。

その日私が担当することになったのは、2010年頃に全国各地の児童養護施設にランドセルなどを匿名でプレゼントし、漫画『タイガーマスク』の主人公「伊達直人」という名を名乗っていた人が、ついにその正体を明かすというニュースだった。私は「伊達直人」からプレゼントが届けられたことがあるという施設を探し、そのときの子どもたちの様子を聞くために取材に向かった。群馬県にある児童養護施設「鐘の鳴る丘　少年の家」だ。

伊藤幸男さん（写真提供：NHK）

タイガーマスクからのプレゼントの内容や、子どもたちの反応などについて一通りの話を聞かせてもらい、担当者と雑談をしているとき、事務所の一角に、靴磨きをしている少年たちの写真が飾られていることに気づいた。尋ねてみると、上野駅の地下道で撮影されたもので、写っているのは、この施設で過ごしていた伊藤幸男さんという男性。戦争孤児だという。

その後、いろいろなつてをたどって、ようやく伊藤さんと連絡がついた。初めて直接会ったのは、NHKスペシャル「〝駅の子〟の闘い」を放送した後の2018年秋。伊藤さんが宿泊先にしている東京の江古田にあるホテルのラウンジで、話を聞かせてもらうことになった。

待ち合わせの時間は17時。ホテルを訪ねると、すでに伊藤さんはロビーに下りていた。簡単な挨拶を済ませると、伊藤さんは堰を切ったかのように話し始め、その後、5時間以上にわたって自分の過去を語ってくれた。私はその切れ目のない独特の話し方に圧倒されながら、伊藤さんの壮絶な経験を必死でメモに書き留めた。

まずは、伊藤さんが戦争孤児となり、狩り込みにあうまでの経緯を追いたい。

伊藤さんの生まれは大阪。父と母、そして妹の4人で暮らしていた。戦争が激化していく中、昭和19年に父は召集され、中国に送られて戦死。その後残された家族は大阪で空襲にあったことをきっかけに、親戚がいた愛媛県新居浜に疎開した。

しかし、そこで母も過労で亡くなり、孤児となった。妹と二人だけとなった伊藤さんは、その後、親戚の家に身を寄せたが、冷たい扱いを受け続け、次第に耐えられなくなったという。そして、伊藤さんは、「置いていかないで」と泣いて懇願する妹に申し訳ないと思いながらもふりきって親戚宅を飛び出し、一人で全国を浮浪する生活に入った。そのとき10歳だった。

銀座でアメリカ兵を相手に靴磨き

新居浜からまずは瀬戸内海を渡って、本州へ。その後、西に向かった。途中、九州で親身に世話をしてくれる人に出会い、その家で世話になるなどしたものの、折り合いが悪くなって再び放浪を始める。そして、伊藤さんが東京にやってきたのは、終戦からおよそ1年後だった。

あてもなく山手線に乗っているときに、ずっと憧れだった「銀座」という文字の書かれた看板を見つけ、有楽町で降りたという。

当時、GHQのPX（ポスト・エクスチェンジ）と呼ばれる購買店があった銀座には、仕事が休みのアメリカ兵がたくさん遊びに来ていた。伊藤さんは、ここで、他の「駅の子」たちにならって、アメリカ兵を相手に靴磨きをして、生計をたてるようになった。「シューシャイン」と仲間から教えてもらった片言の英語で、自ら客をつかんだという。

上野駅の地下道で靴磨きをする伊藤さん
〔左から2番目が伊藤さん〕（写真提供：朝日新聞社）

靴をぴかぴかに光らせるためには、靴を磨くための質のいい生地と靴墨が必要だったという。

「あの頃、靴を光らすための生地っていうのは、タオルじゃやダメなわけですよ。それで私たちがよくやったのは、列車に乗って、座席のシートのふさふさとなったいい生地があるじゃないですか、それをカミソリで切り取ってね、それを商売道具にして靴磨きをしていたんです。当時の電車に乗ると、座席の生地が切り取られてるってのがよくあって、はっきり言えば、私らがやったんですよ。それで、靴を磨く上において、光沢を出すわけですよ、うまくね。

またね、靴磨きの靴墨っていうのもおよそなかった時代でね、コロンブスっていう靴墨を出してる会社があったんですよ。当時の日本の靴墨を使っても進駐軍のブーツはあんまり光らない。だからコロンブスの靴墨を使っていたんです。そのときの私たちの商売で一番大切なものっていうのは、靴墨そのものですよね。その靴墨を、じゃ、どっから手に入れるかっていうと、結局、進駐軍の兵隊さんからなんとか手に入れるわけです」

伊藤さんたち、銀座で靴磨きをしていた孤児たちがいい商売道具を持っているという噂を聞きつけたのか、上野で靴磨きをしていた子どもたちが、道具を奪いにやってきたこともあったという。必死の思いで手に入れた商売道具を渡すわけにはいかないと、伊藤さんたちも激しく抵抗したので、殴り合いのけんかになったこともあった。伊藤さんの頭部には、そのときに負った傷がいまでも残っている。

当時、孤児たちの間では気前のいいアメリカ兵をつかむための競争が激化していて、より多く稼ぐためには知恵が必要だった。伊藤さんが目をつけたのが、有楽町に多くいた、パンパンと呼ばれる、進駐軍相手に体を売ってお金を稼いでいた女性たちだった。彼女たちは、孤児たちの境遇に自分たちと同じようなものを感じたのか、とことん優しかったという。

「私が連携を望んだのがね、夜のお姉さん方なんですよ。彼女たちがお客にしていたアメリカ人の兵隊にですね、値段の交渉かなんかをしてたんだと思うんですが、そういうときに、たまたま私がその辺をうろうろしているようなふりをして、お姉さんたちに、『この子に靴を磨かしてやんな』っていうようなことを言ってもらうんですよ。

そうすると、まあ、兵隊の一等兵にしたって軍曹にしたって、女の前でいい格好をしたいっていうことは世界共通の感覚であって、『おお、じゃ、いいよ』ということになって、そこで靴磨きをさせてくれる。女の前で格好つけないといけないから、お金も多めに払うということまで計算済みですよ」

昼間は、銀座でアメリカ兵相手に靴磨きをして必要な金を稼いでいた伊藤さん。夜に寝床にしていたのは、なんと、列車の中だった。当時、銀座付近を縄張りとする子どもたちの間では、珍しいことではなかったという。

宿にするのは、東京駅発の沼津行き夜行列車と決まっていた。孤児の間では「沼津旅館」、略して「ぬまかん」と呼ばれていたそうだ。

「東京駅を、確か、あのときは12番線だったかな、夜の12時20分に出る列車があるんですよ、沼津行きのね。列車に乗ってるのは、ほとんどみんな闇屋と浮浪児ばっかりですよ。当時、戦争が終わったばっかりで、もう混沌とした中で、私なんかは、もちろん無賃乗車で乗ってくんですけど、沼津へ着くと朝の3時半、4時近くになってるわけです。

そうしたら、東京ではあんな光景は見られなかったですよ。沼津駅前の焼け野原のところに裸電球をぶら下げた闇市がだーっと、夜中もまだやってるわけですよ。で、私は、自分で稼いできた200円か300円を自由に使うことができた。別にそれで親の面倒を見るわけでもないし、きょうだいを見るわけでもない。自分で稼いだ金で食べて生きていけるっていう気ままな浮浪者生活ですよね、こじきを一回したらやめられないっていうのは、そういうところから来てるのかもしれません。

柵を乗り越えてホームから出て、闇市に行って、それこそ東京ではお目にかかれないような白米のご飯とかね、豚汁とかなんとかっていうものは、私の持ってる200円とか300円のお金で十分間に合ったわけ。

だから、腹ごしらえは沼津まで行ってすると。そして、帰りはどうなるかっていうと、同じ列車がですね、そのままそっくりまた東京へ帰ってくるわけですよ。ある意味では、まあ、いまでいう通勤列車みたいな感じで。そこから先、じゃ、どうするかっていうと、山手線に乗って、そん中で寝てるわけですよ。ぐるぐる回って、あるときは大崎の車庫まで行ったこともありますわね」

狩り込みにあい監禁される

子どもながらに知恵を絞り、自分の力だけで生きていた伊藤さん。狩り込みにあったのは、「ぬまかん」で移動しているときだった。ある日、いつも通り、沼津行きの列車に乗って寝ていたところで、大規模な狩り込みが行われたのだ。

当時、夜行列車に無賃で乗っている大人、子どもが多かったことは問題となっていて、度々取り締まりが行われていたようだ。「ぬまかん」をしようとした少年を狩り込みしたときの様子を捉えた新聞社の写真が残されている。伊藤さんに見てもらった。

「この写真から明確に読み取れるのは、狩り込みをしている大人が、さあ坊やおいでっていうような姿勢じゃないっていうことですよね、嫌々ながらの者を引っ張り出して連れていくというようなもんですよ。当時の雰囲気としてある意味で、官憲が、罪を犯した者を引っ張ってい

「ぬまかん」をしようとして狩り込みされる少年
（写真提供：朝日新聞社）

くような、そのような感じだったんじゃないかなと思いますよ」

その後、連れていかれたのは、静岡県内にある施設。そこでは、およそ人間らしい扱いを受けなかったという。施設には「監禁」「軟禁」「解放」と名づけられた3つの段階の部屋が用意されていた。まず入ってきた子どもは自動的に監禁部屋、そしてそこでの態度が良ければ、軟禁部屋、解放部屋へと順番に移っていくシステムになっていたという。

伊藤さんも施設に連れてこられると、他の子どもたちと同じように、最初は、鉄格子のついた監禁部屋に入れられ、閉じ込められた。これまで好きなように動き回っていた生活が一変、外出する自由を奪われた。

伊藤さんによれば、この施設は戦争孤児の収容所として新たにつくられたもので、施設長は、近くにあった感化院（非行少年の保護・教化を行う施設）の院長が兼任していた。それゆえに、子どもへの接し方の基本的な発想が、「悪さをする可能性のある子どもは、精神面からたたき直さなくてはならない」というものだった。他の多くの職員も、子どもたちに高圧的な態度で接していたという。

「お前らは悪いことをしてきたと、頭から決めつけて、刑務所と同じようなところに入れられる。だけど私にとってみたら、悪いことをしてきた覚えがないわけですよ。なんで俺はこの中に入らなくちゃならないんだという思いがありました。

昭和20年までの軍国主義時代の教育論を信じていたり、それが体に染みついている大人たちが、終戦後しばらくは、まだたくさん日本の中にいたということですよ。だから戦争孤児で路上で暮らすことになった私たちは、虫けらのごとく思われていたと思うんです、みんなそういう態度でしたよ」

復興から取り残されていく「駅の子」

希望が見えないまま犯罪に手を染める

狩り込みが本格的に行われるようになった頃、世の中は徐々に復興へと進み始めていた。一面焼け野原だった町に、少しずつ華やかさも戻ってきた。

昭和20年11月には早くも野球の早慶戦が行われ、昭和21年1月にはNHKのラジオで、「のど自慢素人音楽会」の放送が開始されている。NHKに保管されている映像では、ダンスホールで楽しんでいる人たちなどの姿も確認できた。

しかし、社会が豊かさを取り戻していく一方で、親戚の家や施設を抜け出した子どもたちは、希望の見えないまま、路上で、その日暮らしを続けていた。

「駅の子」たちは当時、どのように生き延びていたのか。彼らの生活をもっと知りたいと当時の資料を探す中で見つけたのが、昭和23年8月に発刊された『生きてゐる 上野地下道の実態』という本だった。その中にある「群れつどう浮浪児たち」という章に、彼らの生活の実態が書かれている。多くの子どもたちは、親分または兄貴の支配下にあり、次のような犯罪に手を染めていたという。その描写は生々しい。

〈チャリンコ（スリ）
チャリンコ達は安全剃刀の刀を常用する。だから彼らの手先をみると、刀できった小さい傷だらけだ。彼らは親分より割り当てられた箱に乗り込む。汽車を大箱、都電をゴミ箱、省線バスを小箱と言い、今日は中央線の大箱、明日は築地行きのゴミ箱といった具合である。（中略）収穫が多い時には一萬円以上にも及ぶ。けれども彼らはそれを全部親分や兄貴に渡してしまう。決して誤魔化したりはしない。誤魔化してもすぐにばれてしまうのだ。ばれれば恐ろしいヤキ（制裁）が入れられる〉

〈タカリ（恐喝）
独りでいる女の人をみる。浮浪児達はそのカモを逃しはしない。何だかんだと脅したり哀れっぽいことを言ったりしてタカる。時に浮浪児の仲間でも弱いものはいつもタカられる。体の小さいもの、年齢の幼いものが弱いとは限っていない〉

〈掻払《かっぱら》い
上野地下道の浮浪児達はカッパライの常習者だ。上野駅に乗降する15万人の客の持ち物が彼らの眼のつけ所だ。便所へ行って、ちょっと荷物を置くと、忽ちどこからか浮浪児が現れてそれをカッパラッていく。百貨店、地下道売店、その他の店頭の品物に眼をつける〉

〈田舎廻り
浮浪児たちは頻繁に田舎廻りをやる。田舎の農家へ行って、芋や米をもらってくるのだ。一軒で一握りの米をもらう。その集まりは大変なものだ。芋なら一貫目九十円から百円、米一升、百五十円に売れる。農家で大声で呼んでも誰も人が出てこないことがある、皆野良へ出て働いているからだ。すると彼らはカッパらいや、忍び（コソドロ）に早変わりする。それは地下道生活の息抜きにもなるのだ〉

〈強盗（タタキ）
チャリンコ、タカリあたりの犯罪に対して浮浪児達は甚だ軽い悪の観念しか抱いていないのが普通である。食料の欠乏と社会的混乱の中で、いじめ抜かれてきた少年達にはタカリは強い者が弱い者から奪い取るだけのことで大したことではないと考えがちになる。これが高じてく

るとタタキの助手をしたりすることになる。拳銃やジャックナイフを持って人を脅すに至る〉

無関心から嫌悪に変わった社会の目

こうした犯罪に手を染める「駅の子」たちの行動は、復興が進む中、次第に社会から問題視されるようになっていった。当時の新聞の見出しを調べてみると、「落込む先は〝悪の道〟」(毎日新聞 昭和21年7月16日)、「飲む・喫う・盗む 末恐し浮浪児」(毎日新聞 昭和22年9月14日)など、路上で暮らす子どもたちが、治安を乱す存在として捉えられていたことが分かる。

戦争で親を失った孤児だけでなく、家出してきた不良少年らも加わり、子どもたちに対する社会の目は、無関心から嫌悪へと変わっていったのだ。こうした社会の目に、子どもたちはさらに傷つけられ、孤立していくことになる。

路上で野良犬のように扱われる
——山田清一郎さん

食べ方は野良犬から教わった

復興が進み始めてもなお、路上生活を続け社会から嫌われていった「駅の子」たち。当時子どもたちは何を思っていたのか。

そのあたりを、詳しく教えてくれたのが埼玉県秩父郡小鹿野町で暮らす戦争孤児、山田清一郎さん（83歳、昭和10年生まれ）だった。

山田さんは、子どもの頃、家族で神戸で暮らしていた。10歳だった昭和20年3月、空襲で父を、6月には同じく空襲で母を亡くし、戦争孤児となった。

家も焼け、行き場をなくした山田さんは、自然と仲間になった同世代の子どもたちと一緒に、「駅の子」として生活をするようになった。しばらくの間、地元神戸で過ごした後、新天地を求めて、東京・上野に移動した。神戸でも上野でも、残飯をあさって、飢えをしのぐ生活だったという。

「人間の一番の欲は、食欲ですよ。本当の空腹となると、もう人間でなくなるというか、犬猫と同じで、食えるものならなんでも、どんなものでも手に入れて食う、これは生きるための本能じゃないですか。

闇市には食べるものがあってももらえるわけではないので、盗って食うしかないわけ。盗って食うか、拾って食うか、これしかないわけですね。だから捨てられているものを拾って、古くなったものばかり食べるんですね。始終、お腹を壊して、下痢をしていました。

そんなあるとき、空腹に耐えているときに、野良犬を見たんですね。すると野良犬は、残飯を桶かバケツから食べるとき、食べ物の上の方を上手に食べるんですよ、こうやって桶につかまって。私たちは腹が減っているから、思わず手を突っ込んで下の方から持ってきて口に入れるもんなんだけど、実は、下にあるものの方が傷みが激しいわけですよね。

だから、腹を壊さないためには、食べ物は表面のものを食べる。これは野良犬が飯食ってるのを見て教わったってことだね」

傷んだものを口にし、激しい腹痛に苦しんだ末に、命を落とした仲間もいたという。

しかし、つらいのは飢えだけではなかった。身なりもひどい状況だったという。長期にわたる路上生活で、着ている洋服は、これ以上ないくらい汚れてぼろぼろとなり、においなども自分では分からなくなるほどの悪臭を放ったという。

山田清一郎さん(写真提供:NHK)

「同じものを何カ月も着てますね。進駐軍がくれるんですよ。それを着て、ずうっと。風呂は入らない、顔も洗わない、着替えをするものもない、だから着たら着たまま。それをね、何日じゃなく、何カ月も着てる子どもが多かったということですね。

においなんて消えちゃいますね、ある一定の臭さがくると。昔はシラミなんていう虫にみんなやられていたんだけど、それさえも寄りつかなくなってしまう。

シャツがシャツでなくなる、硬くなっちゃう。全然洗ってない、同じものをずうっと着ていると、こちこちになって段ボール着てるみたいになる。でもだんだん、そういうものが気にならなくなってくる。同じものを何日着ていても、全然それが気にならないからね……怖いよね」

孤児たちは、生きていくのに必死だった。しかし、汚れた服を身にまとい、食べ物を求めて町を徘徊し、ときには盗みまでする山田さんたちに、社会は冷たかった。大人たちは「駅の子」たちを野良犬のように扱ったという。

「駅の待合室に私たちが入っていると出ていけと追っ払われる。蹴飛ばされる。それから店に行ってなんか拾ってこようとすると水をかけられたり、野良犬だってわけでね、お客さんからもらった棒を持って、店の人にこの野郎なんて追いかけられる。そういうことが多かったですよ。

人間が人間にやることじゃないですよね、相手が浮浪児であったとしてもね、まさに野良犬に対する扱いと全く同じだよね。いま考えると、よくあんなことができたな。なんで浮浪児になったのか、知ってるはずなんだよね」

当初は、戦争の犠牲者として同情の目もあっただろう。しかし、戦争の爪痕が消え始めると、「駅の子」たちは、ただ社会の治安を乱す存在として認識されていった。そうした認識が、「駅の子」たちの心を傷つけ、ますます孤立させていったのだ。

やっと通えるようになった学校での壮絶ないじめ

山田さんはある日、駅で狩り込みにあった後に、長野県のある児童保護施設に送られた。この施設は、アメリカ軍との本土決戦に備える計画で、戦争末期に建てられていた。東京にあった大本営の移転先として密かにつくられた施設の一部を転用したものだった。そのため、施設はしっかりとした建物で、子どもたちにとってはとても快適な場所だった。

しかし、大都会で自由奔放な生活を送ってきた山田さんたちにとっては、田舎町は刺激が少なく、退屈に感じたという。そんな中、村の子どもたちが学校に通っているのを目にすると、自分たちもまた学校に通って、勉強してみたい、みんなと遊びたいと思うようになったという。

「周りを見ていて、学校行っている子はいつも毎日行ってるわけだよね。そういうのを見てて、ああ、学校に行きたいと思ったよね。浮浪児をしている頃は、そんなことは一切考えていないけれども、落ち着いて生活をして、村の子たちが行ってる様子を見ていれば、ああ、学校行きたいっていう思いが当然出てくるわけですよ」

しかし、山田さんたちが地元の小学校に通うことに対して、地元住民の間で反対の声が高まり、しばらくは通えない状態が続いたという。というのも、施設では、食事は三食用意していたものの、食料事情が良くはなく、山田さんたちは、村の畑から作物を盗んで隠れて食べたり、ときには民家に忍び込んで食料を盗んだりもしていた。次第に、施設に連れてこられた孤児たちが、悪さをしているという噂が村中に広まり、地元の小学校に入学する話が出たときに、強い反対の声が上がったのだという。

山田さんも、村の人には迷惑をかけたので、いいように思われなかったのはやむを得ないところもあったという。施設の職員たちが村の担当部署と交渉する日々がしばらく続き、ようやく小学校に入学できるという知らせが届いた。

待ちに待った登校初日、山田さんたちは、久しぶりの学校に、わくわく気分で向かった。

「この日は忘れないですよ、昭和23年6月13日。やっと許可が出て学校に行けるようになったんです。これはうれしかったですよ、学校に行けるというので最高に。ずうっと、3年間行っていないんだからね、学校へは。だから、喜びは大きかったよね」

2年以上にわたる路上生活の後に、ようやく再び通うことになった小学校。

しかし、学校では、信じられない扱いを受けたという。孤児たちが集められたのは、同級生たちがいる教室ではなく、倉庫のような部屋。その教室の黒板には、心ないいたずら書きがされていた。

「犬小屋、浮浪児、ばい菌とか書いてあったよね。俺たちの部屋は犬小屋かって思ったよ。で、一番腹が立ったのは教師にだよね。なぜこれを消さないのか。俺たちが来ることが分かっているのにね。

教師がもう少し俺たちのことを考えてくれりゃよかったと思うよ。教室で何かものがなくなると、お前がやったんじゃないか、壊れるとお前がやったんじゃないかと、必ず俺たち孤児たちのところに来て、まず最初に疑ったもんね」

2週間ほどして、ようやく各学年の同級生が待つ教室に行けるようになった。みな長期の路上生活で学校に通えていなかったので、一つか二つ下の学年に交ざって勉強することになった。山田さんも本来は中学に通っている年齢だったが、小学6年生として勉強を再開した。しかし、学力がついていかず、先生から何か聞かれても答えることができない。年下の同級生たちはそんな山田さんを見て、こんな字も読めないのかとからかってきたという。また、体育の授業でドッジボールをやったときには、山田さんたち施設から通っている子どものことを「汚い」と言って、ボールが全く回ってこないこともあった。

いじめを受けて落ち込む日々が続いたが、負けてたまるかという思いから、決して引き下がらなかったという。

「俺が施設の孤児たちの間でリーダーみたいになってたんだけれども、なんていうのかね、なかなか通えないでいた学校にせっかく通えるようになったんだから、一度開いた門は、絶対自分たちからは閉じない。ここで行かなかったら、それ見たことかって思われてしまうのが一番悔しいことだったよね。だからなんとしてでも、泣いても、けんかに負けても、学校にだけは絶対行くっていうね、そういう思いは、俺は常に施設の仲間に言ってたね」

いまも忘れられない社会の冷たさ

その後、理不尽な扱いへの悔しさをバネに勉強を重ね、中学、商業学校を卒業。23歳のときに、苦労の末に、夜間大学に進学した。そして、昼間はアルバイトをいくつも掛け持ちしながら勉強を重ねてなんとか卒業。27歳のときに埼玉県で中学校の教師となった。優しくて生徒思いの先生として子どもたちから慕われ、定年まで働いた。

しかし、野良犬のように扱われた当時の冷たい仕打ちに対する怒りはいまでも消えず、決して忘れることはできないという。

「よく身に染みたよね、人の冷たさっていうのかね。本当に優しかったら、あの孤児たちが、浮浪児がいたら、そこで何か周りでね、温かい手を差し出しているはずなんだよね、だから、日本人というか、人間は、案外そういう冷たさを持っているんじゃないかと思うけどね」

山田さんの怒りに満ちた証言は、番組の中でも視聴者に強烈な印象を残した。

社会に逆らって生きると決めた
――小倉勇さん

豊かになり始めた社会で生じた格差

孤児となったのち、身を寄せた親戚宅を飛び出し、大阪の路上で暮らしていた小倉勇さんも、この頃、社会の変化を敏感に感じとっていた。

大阪駅で過ごしていた際に、右目の視力を失った後も、仲間のカメちゃんと山ちゃんと路上生活を続けていた。そんな中、東京に行けば、もう少しいい生活をできるのではないか。そういう思いから、再び列車の無賃乗車を繰り返して、昭和22年の2月頃には、東京、上野駅にやってきた。

期待を膨らませてやってきた上野だったが、状況は大阪と変わらなかった。むしろ上野駅の地下道には、大阪以上に、全国から来た浮浪者や子どもたちがたくさんいて、寝床を確保することすら難しい状況だった。

その一方で、町中には、いい格好をした人が少しずつ増え始めていた。おしゃれをして、両親と一緒に楽しそうに歩いている同世代の子どもたちを見ると、なんとも言えないみじめな気持ちになったという。

「世の中の混乱が収まってくるとね、だんだんと、いわゆる格差が出てきて、目立つようになってくるんですよ。

終戦後は、あたり一帯が焼け野原となって、バラック小屋を建てて生活している人も多かったから、僕らみたいな生活と、あんまり変わらないといえば変わらなかった。だけど、それなりに、こうなんとなく世の中が少しずつ良くなってくるとね、格差がだんだん出てくる。いまでもあるでしょ、格差。

そうなると、だんだん心が遠のいてくる。孤独になってくる。なんで自分だけが、っていうようなことになってくるんですよ」

東京では、汚い格好をして悪さをし治安を乱している孤児たちを、町から排除しようと、狩り込みが本格化していた。小倉さんたちも何度か狩り込みによって捕まり、保護所や施設に連れていかれたという。

送られた先の職員は子どもたちに対して高圧的で、保護をするという姿勢は全く感じられなかった。そんな施設の職員に対し、小倉さんたちは強い不信感を抱き、反抗的な態度をとって応戦した。

「向こうもバカにするから僕らも職員たちをバカにしてたな。だいたい捕まったら調書をとられるんだけど、名前はなんというんだと聞かれても絶対に本当の名前は言わなかったね。国は、孤児たちを親戚に押しつけるということだけをやろうとしていたから、捕まっていろいろ調べて親戚がいることが分かると連絡をして送り返すんですよ。僕たちは親戚のところがどうしても嫌で放浪を始めたんだから、親戚のとこに戻されるのが一番嫌なことだった。仲間との路上生活の方がよっぽどマシだった。

だから狩り込みにあって、身上書をつくるときに名前を聞かれたら、僕は『近藤いうたろう』っていつも名乗っていた。『近藤いうたろう』って分かります？　名前『今度、言うたろう』ってことですよ。漫才聞いてるみたいでしょ。まじめに『近藤いうたろう』って記録つけてる職員を見て、何じゃやツッコミもできないんかバカ、って当時は思ってた」

あるキリスト教系の保護施設に入ったときに受けた屈辱的な仕打ちも、印象に残っている。

クリスマス会ということでいい服を着させてもらい喜んでいたのもつかの間、会が終わり、地域の人たちが帰ると、すぐに服を脱がされ、元のぼろぼろの服に着替えさせられたのだという。

「時々、厚生省なんかの役人が来て立ち入り検査がある。そのときだけ、子どもたちにいいものを着せる。役人の見学は5分ほどで終わって帰っていく……そうするとすぐにその新しい服は脱がされて……そんなんあり得ますか。誰だって怒ると思うよ、そんなことされたら。

そのときに、何が神様だって思ったよ。なんじゃい、神なんているもんかって……。厚生省のお役人さんには、ええものを着せてるところ見せて。そしたら役人だって、子どもたちにはええものを着せていて、いい施設だなと思うじゃないですか。

子どもたちのことをバカにしてる。そういう態度でくるから、こっちも反発するわけじゃないですか。いけませんか」

ある日突然列車に飛び込んだ親友

そして、昭和22年秋。思いがけない事態が起こった。

ずっと一緒に行動してきた仲間のカメちゃんが、次第にふさぎ込み、ほとんど口もきかなくなっていった。小倉さんが大阪駅の待合室で突然の頭痛に苦しんだときに夜通し介抱してくれ、片目の視力を失ったときも誰よりも心配してくれたカメちゃん。

「どうした、何かあったのか。体調が悪いのか」と声をかけても、何も答えてくれない。そんな日がしばらく続いた。そして、ある日、突然、列車に飛び込んだ。

「ずっと一緒に行動してきて、目が見えなくなったときに一生懸命背中をさすってくれたカメちゃん……それが山手線で飛び込み自殺するから……本当にいまでも忘れない……泣き言だけではすまされない、憤りと悲しみと怒りや……。

なんで自分だけがって孤独になるんですよ。そのときに自殺するんですよ。僕も何回も経験しているけど『なんで僕だけが』って。カメちゃんもそうだったのかもしれない。本当に優しい子だった」

親を亡くし、世間から蔑《さげす》まれ、そして唯一の支えだった親友まで失ってしまう。小倉さんのやり場のない怒りは社会に向けられていった。

「大人たちはじろーっと見てくるだけで、話をしてくれる人なんていないじゃないですか、そばへも寄ってこないし。戦争に国が負けたら、そういうことになるやろうけど、大人の責任ですよ、これは。戦争したのは大人の責任だ。

俺はそのとき思った、これから徹底的に社会に逆らって生きてやるって。なんなんだ、僕たちばっかりにこんなさせて。何の罪があるというんだ」

社会にたてをついて生きていく覚悟を決めたと、テーブルを強く叩きながら証言した小倉さん。このときの、涙を流しながら訴えた小倉さんの表情は、いまでも忘れられない。長期にわたる取材を通して、最も怒りに満ちた表情だった。

仲間のカメちゃんを亡くし、自暴自棄になっていた小倉さんは、その後悲しみを忘れようと上野を離れ、全国を転々とする日々を送ることになる。その間にもう片方の目の視力も衰え、両目ともほとんど見えなくなっていた。

児童福祉法の成立

昭和22年11月。小倉さんの仲間、カメちゃんが自殺した直後に、孤児をめぐる状況が大きく前進した。

GHQからの要請もあり、国が準備を進めてきた児童福祉法が成立し、翌23年4月から施行されることになった。これによって、児童養護施設に、子どもの人数に応じた運営費が配布される仕組みが整備され、施設の置かれた環境は、次第に改善されていくことになる。

「すべての国民は、児童が心身ともに健やかに生まれ、且つ、育成されるように努めなければならない。すべての児童は、等しくその生活を保障され、愛護されなければならない」という理念を第1条で謳い、今日の日本の児童福祉の基礎にもなる、当時としては画期的な法律だった。

その後、昭和23年7月20日に公布・施行された「国民の祝日に関する法律」の中で、「こどもの人格を重んじこどもの幸福をはかるとともに、母に感謝する日」として「こどもの日」が制定された。さらに昭和26年5月5日には、すべての児童の幸福をはかるために「児童憲章」が宣言されるなど、児童を大切にしていこうという動きが加速していくことになった。戦後の児童福祉は、戦争孤児の問題を契機に形づくられていったといえる。

一方で、戦争孤児の立場から、この法律が問題を埋没させてしまったのではないかと指摘する人もいる。

児童福祉法は、当時としては野心的ともいえる「すべての児童の福祉」を対象にしたことに特徴がある。すべての児童の福祉という枠組みの中で、戦争孤児もその対象となったのだ。だがそれにより、当時、社会問題となっていたことで、広く一般の人たちにも、政策担当者にも認知されていた「戦争孤児」が、政策の対象としては、一般の子どもの中に埋没してしまったという側面もある。立教大学教授の前田一男さんは『焼け跡の子どもたち』の解説で、「戦争孤児の立場からすれば、保護される対象としての社会的承認が逆に薄まっていくことにほかならなかった」と指摘している。

児童福祉法の施行で、孤児たちがすぐに救われたわけではない。だが、大きな流れを見ると、戦争孤児たちが置かれた環境が変わっていく節目となったことは間違いないだろう。

銭湯で背中を洗ってくれた先生

カメちゃんが自殺をした後、社会に対する強い敵意を抱き、全国各地を転々としていた小倉さんに大きな転機が訪れた。路上生活を始めて2年以上、上野を離れて1年が経った昭和23年11月。京都駅にたどり着いたところで、もう一人の仲間、山ちゃんと一緒に狩り込みにあい、孤児の一時保護施設、「伏見寮」に送られたのだ。

伏見寮は、京都府が昭和22年4月に設立した戦争孤児たちの保護施設で、正式には「京都伏見一時保護所」といった。小学生までの幼い子どもを対象にした第一寮、中学生以上を対象にした第二寮からなっていた。

小倉さんたちが連れていかれたのは第二寮だった。そこで、調書をとられたり、知能検査などが実施されたりして、子どもたちの適性を見極めて、次にどこの施設で生活するのか判断されることになった。

山ちゃんはいつものように、小倉さんに逃げ出そうと持ちかけたが、この頃すでに、小倉さんは気分が不安定で、逃げ出す気力を失っていた。何度も誘われたが、出ていく気力はわいてこなかった。そこで、山ちゃんは一人で脱出。泥棒の名人は、園長の部屋からお金と麻雀パイを盗むことも忘れなかった。

伏見寮

およそ2年ぶりに、一人ぼっちになった小倉さん。気分は激しく落ち込み、何をやる気力もわかなくなった。日中もただただ横になって過ごし、誰とも口をきかない日々を送っていた。大人への強い不信感から、時々見回ってきて声をかけてくる職員にも、反抗的な態度をとり続けた。

ある日、そんな様子を見かねた先生が、小倉さんを外へと連れ出し、ある場所へと向かった。先生が連れていってくれたのは、伏見寮の近くにあった銭湯だった。京都市伏見区菊屋町にいまも残る、「菊湯」という銭湯。当時を思い出してもらうため、小倉さんと一緒に訪ねてみることにした。

かつて伏見第二寮があった場所は、いまは保育園となっていた。そこから、5分ほど歩くと、「サウナ・くすり風呂・

電気風呂・菊湯」と書かれた古めかしい昭和を感じさせる看板が見えてきた。当時と同じ場所に残っていた趣のある建物。事前のアポイントもなしで訪ねたその日は、シャッターが閉まって営業をしていないようだった。裏口の戸にあったインターフォンを鳴らすと、銭湯の主人が現れた。事情を説明すると、快く表のシャッターを開けて、中に通してくれた。

靴を脱いで番台を抜け、年季の入った脱衣所に向かうと、小倉さんは「懐かしいなーにおうんだなー」とつぶやいた。脱衣所は、湯を沸かすためのオイルなのだろうか、小倉さんに言われて意識してみると、かすかに油のにおいがした。そのにおいを頼りに、小倉さんはいろいろなことを思い出しているようだった。

そして、洗い場へと進んだ小倉さんが興奮した様子で言った。

「ここです、ここ。この辺で先生がごしごしと僕の背中を洗ってくれてね……そのときに思ったな、まじめにならないといかんと。僕の背中を触ってくれる人なんかいなかったよ。こんな僕を洗ってくれたんだから」

「疥癬」を患っていた小倉さんの背中を流してくれたのは、小倉さんが伏見寮に入ってしばらくして赴任してきた、指導員の黒羽順教先生だった。男気あふれる大胆な性格で、酒に酔うと寮の近くの道ばたで寝そべってしまうなど、伏見寮の他の先生たちを困らせることもあったが、子どもたちにはいつも優しかった。

「シラミだらけの部屋へ入ってきて、みんなとゴチャゴチャごちゃごちゃ話をしてくれた。あんなシラミだらけの子どもたちの部屋に来る先生なんて一人もいなかったよ。黒羽先生だけだったよ。風呂へ行っても、本当は嫌だったと思うけど疥癬だらけの僕の背中を……。家族にもそんなことしてもらったことないから、びっくりするやん。あのとき僕は、まじめになる、この先生の言うことだったら、大げさじゃなく何でも聞かなくてはいけないと思ったな」

何よりもほしかったのは「ぬくもり」

母が死んでから、初めて触れた人の優しさ。小倉さんの冷え固まっていた心が、みるみる溶けていった。小倉さんは、銭湯の洗い場で、当時を思い出しながら涙を流し、こう言った。

「あの頃、浮浪児をしていた子どもたちはみんな飢えていた。何に飢えていたかというと、もちろん食べ物には飢えていた、着るものもなくて毎日寒かった。だけど本当にほしかったのはぬくもりなんですよ」

黒羽先生に連れてきてもらった思い出の銭湯を久々に訪れ、何よりもほしかったのは「ぬくもり」だったと熱く語った小倉さん。「駅の子」として各地を転々とする生活の中で大人たちへの不信感を募らせ、一生社会にたてついて生きるとまで決意したという人から出てくる言葉としては、意外なものだと感じたことを覚えている。

しかし、私がそう感じたのは、「駅の子」たちにとっての「ぬくもり」の意味を、その場では十分に理解できていなかったからだと、のちに気づかされた。

すべての取材を終え、番組制作に向けて編集を始める段階で、それまでに撮影させてもらった戦争孤児たちの証言をあらためて見返した。表現は違えど、ある人は大人たちの冷たさを、ある人は国の冷たさを、ある人は親戚の冷たさを訴えていた。それはつまり、「ぬくもり」を求めていたということだった。

銭湯で小倉さんが「求めていたのはぬくもり」と語ったことは、番組制作の上で、大きな気づきとなった。

黒羽先生は、その後も、寮で過ごす小倉さんをとにかく気にかけてくれた。見かけると必ず声をかけてくれたという。

忘れていた「ぬくもり」を与えてくれた黒羽先生との出会いは、その後の小倉さんの人生を変えていくことになった。大人たちに強い不信感を持っていた小倉さんも、黒羽先生の言うことだけは素直に聞けるようになっていた。

「小倉君、勉強しないといけないぞ、そして人の役に立つ人間にならないとあかんで」

口癖のように何度もそう言った黒羽先生のアドバイスを受け入れ、小倉さんは、盲学校の中でも名門とされる京都府立盲学校に進み、卒業。その後、マッサージの勉強をして、仕事とすることに決めた。

その後、昭和31年、24歳のときに結婚して新しい家族ができた小倉さん。結婚式に集まってくれた人たちとの集合写真には、妻のまきゑさんと小倉さんのすぐ後ろに黒羽先生が写っている。先生は、小倉さんの結婚を、誰よりも喜んでくれたという。

子どもたちの心境を表現した歌

小倉さんが過ごした伏見寮に、子どもたちが歌っていたという歌の音源が残されていた。「伏見寮の夢」という題名がつけられた歌だ。

〈一
ワッと泣きたい時がある　父さん母さん逢いたいよ
ゆうべ見た夢母さんの　だっこしている僕の夢

二
想い出しては泣いている　伏見のお庭の月見草
チ、チロ虫鳴け母さんが　歌ってくれた子守歌

三
空のお星も泣いている　月はお星の母さんか
やさしい伏見の先生も　泣くのじゃないよと泣いている〉

この歌もまた、子どもたちが一番ほしかったのは「ぬくもり」だったということを伝えているように感じられる。

残されていた音源は、退職する職員への記念として、同僚が自分たちで歌ったものを吹き込んだテープだった。歌とともに、「子どもが施設に引きとられていくとき、寮の玄関でみんな

で歌いましたね。行く者も、送る者も、みんなボロボロ涙を出して、別れを惜しみました」と思い出を語っている声も記録されていた。両親を亡くし、ぬくもりを求めていたが、なかなか甘えることができなかった子どもたちに、心の内を素直に表現してほしいとつくられた歌なのだろうと思う。

この音源とともに、当時の子どもたちの写真を丁寧に集めたアルバムも見つかった。10歳にもならない子どもたちがいい服を着せてもらって写真に写っている。アルバムには、「皆早く幸せになってくれ」というメッセージも添えられていた。

伏見寮のアルバム（写真提供：NHK）

転落していった子どもたち

盗むことは生きることだった

終戦後、路上生活をした子どもたちの中には、その後、転落の人生を歩んでいった人も多かった——取材を進める中で、そのような話をいろいろな人から聞いた。小倉さんも、「僕の仲間にも犯罪を繰り返して、行ってはいけないところに出入りするようになってしまった人が多いんですよ。だからみんな過去を言いたがらないんですよ」と繰り返し訴えた。

私は、実際に闇社会へと転落していった孤児がどのような人生を歩んだのか知りたいと、強く思うようになっていた。そんな中、ある手記の存在を知った。路上生活の中で、窃盗などを繰り返すことに慣れてしまい、生涯犯罪から抜け出せなかったという孤児が書いたものだ。

熊谷徳久元死刑囚。2004年に横浜の中華街店主を銃撃殺人、渋谷駅で地下鉄駅員銃撃殺人未遂を起こし、強盗殺人などの罪に問われ死刑判決を受け、2013年、刑が執行された。

その人生だが、幼少期に両親が離婚し、引きとってくれた父親もその後自殺。身を寄せていた鹿児島県の親戚宅が、昭和20年7月の枕崎空襲によって全焼してしまう。このとき、家を出る決意をして、以後、各地を転々とする生活が始まった。8月15日の終戦は鹿児島駅で迎えた。浮浪生活では同年代の子どもと集団で行動し、物乞いや盗みをする生活を送っていたという。殺人で逮捕された後、拘置所で10回にわたり接見し、話を長時間にわたって聞いた人がいると知り、取材を申し込んだ。

作家の菅野国春《かんのくにはる》さん。伊豆にある高齢者用集合住宅の共有スペースで、取材に応じてくれた。まず、直接面会を重ねてみての印象を尋ねた。

「非常に人懐っこい男ですね。人に懐かない野良犬が、懐いていくという感じがあるんです。多くの人には心を許さないけど、心を許した人には、尻尾を振ってついてくる、すり寄ってくる。そういう感じの、感じのいい男ですよ、だからシャバで会ったら、おそらく感じがいいんじゃないかと思うんですね」

熊谷元死刑囚の手記は、裁判の過程で、自身の人生を振り返ったものだった。菅野さんは、その手記を出版しようと預かり、編集作業をするために読み込んでいた。

400字詰めの原稿用紙1000枚以上に手書きで書かれた原稿は、改行も句読点も一切なかった。書くべきことを事前に構成などせずに、頭に浮かぶがまま、思いの丈を綴ったもののようで、菅野さんは読むのに非常に苦労したという（以下に引用する手記は、改行や句読点を入れるなど、菅野さんが手を加えたもの）。

〈私は、物心ついてからの五十年間、刑務所と娑婆《しゃば》の行ったり来たりで、半分は刑務所暮らしでした。「席の暖まる暇もない」という言い方がありますが、本当にじっくりと娑婆で暮らすいとまもなく、出たと思う間もなく塀の中へ戻っていくという生活でした〉

路上生活をしていた幼少期のことを次のように振り返った。

〈今振り返ってみて、あの頃、私はよく死ななかったものだと思います。凍死はともかく、餓死をしないのが不思議でした。一日中食べ物をあさってもついにありつけないこともありました。そんなときは駅の水道で水を腹一杯飲んで眠るのです。水では空腹を満たすことはできません。トイレに行くことすらおっくうで、着の身着のままの垂れ流しです。食べてもいないのに、糞も小便も悲しいくらいに出るのです。身体中から、糞便のにおいが立ちのぼり、まさに文字通りの鼻つまみものでした。私たちは、野良犬以上にみじめな浮浪児の集団でした。やせて肋骨が浮き出た小さい身体に目だけが獣のように光っていました〉

そして、仲間とともに、盗みをして、なんとか生きていくための食料を得るようになっていった。それが自分の犯罪の原点だという。

〈人のものを奪っても食べる、盗んでも食べる、そうしなければ生きて行けないのです。幼い心に生きることと盗むことは何の違和感もなくイコールで結ばれたのです。あの時、私は盗まず、奪わず生き延びることは不可能でした。民家に忍び込みます。台所で少量の芋飯や野菜の煮付けなどを手に入れます。食べ物を手に入れた瞬間、涙があふれました。ただただ有難くて、子供心に涙があふれたのです。盗みが快楽であることを無意識に知りました。「ああ、有難い……。盗むことさえできるなら、俺は生きていける……」それが6歳の子供の実感でした。子供の私に、盗みと快楽が違和感なく一つに結びつきました〉

聞き取りを重ねた菅野さんも、熊谷元死刑囚が幼少期に犯罪を犯罪と思う感覚が麻痺してしまい、その後の人生に影響を与えたと告白したことが一番印象に残っているという。

「私が一番、彼から聞いた話で、ショッキングな話として受け止めたのは、浮浪児であるゆえに、食うためには、窃盗しなければ、盗みをしなければ生きていけない、だから盗みに対して、罪の意識を感じたことがないって言うんですね。彼が浮浪児として生きるために盗みをすると。これは、人のものを盗るから悪いんだっていう、感覚がないということなんですよ。生きていくためには、どうしても盗まなきゃいけない。ということは、犯罪以前の、生存の問題だったということです。彼は、犯罪を犯す、窃盗をすることで、少年期を生きながらえた。だから、成人になっても、盗みをするっていうことは、生活の一部みたいな感じなんですかね。我々が会社に出勤して、仕事をするっていうのと同じ感覚で盗みを働けるという。だから、浮浪児時代に培った盗みが、彼の犯罪の原点になってるんですよ、それがぐんぐん成長していって、殺人にまでたどり着いたという風に、私は考えていますね」

もしかわいがってくれる人がいたら

犯罪を繰り返しながらの放浪生活を続けていた人生だが、10代の前半に、ある高齢の女性の家で3年ほど、温かく育てられたこともあった。孫を病気で亡くした女性がその悲しみを忘れたいと、同じ年格好の熊谷元死刑囚を受け入れ、かわいがってくれたという。彼自身も幸せな記憶としてこう回想している。

〈子供の頃、私が家族愛らしいものに触れたと思えるのは、後にも先にもこの時だけです。人になつかない私でしたが、おばあちゃんだけには心を開きました。（中略）浮浪児から一転して普通の子供になったのですから、私は不思議な気持ちでした。不思議で落ち着かない気持ちもありましたが、これが幸せなのかという思いもありました〉

しかし、我が子のように世話してくれていた家の人たちが、相次いで病死すると、再び犯罪の道へと戻ることになったという。

〈弁護士の先生たちは、裁判で私の悲惨な生い立ちを強調し、私の刑罰に対して情状を求めました。これに対して、検事さんは「生活環境が劣悪だからといって犯罪に走る人間ばかりではない」と反論し、死刑を求刑しました。確かに、検事さんの言う通りで、劣悪な環境に生まれついた人間の全てが犯罪者になるわけではありません。孤児でも立派な人間に育ち、幸せに暮らしている人はたくさんいると思います。しかし、後年、私は刑務所への出入りをくり返すようになって、多くの犯罪者に接してきましたが、犯罪者の7、8割は子供の頃、人間らしく育てられていない人ばかりでした。いかに育ちが人間形成に大事であるかを考えさせられました。私は子供の頃「この人なら素直について行けるかもしれない。ああこの人のそばにいつまでもいたい……」と敬慕の思いを抱いた人が二人おりました。その二人は、ある時期の私の養育者です。二人とも私と出会ってすぐに死んでしまいました。勝手な言いぐさととられそうですが、もしこの人たちが生きていて、この人たちに私が育てられていたら、こんな汚れた道を歩かなかったのではないかと後年、何度思ったか知れません〉

菅野さんは、幼少期の環境が自身の犯罪につながったことをほのめかす熊谷元死刑囚を、言い訳にすぎないと切り捨てつつ、犯罪から完全に手を引けない姿を、もどかしい思いで見ていたという。

「なんでまたつまらないことで犯罪の道に入るのかっていう意味で、非常にもどかしい思いをしましたね。本当に心を打ち明けて相談する人がいなかったんですね。そういう話し合いをする相手もいなかったというのは、やっぱり孤独な犯罪者だったのかなあって」

戦争孤児となり、孤独の中で転落を重ねた人生だった。

日本を去った戦争孤児
──伊藤幸男さん

狩り込みにあったのち、アメリカに留学

銀座で靴磨きをする生活をしているときに、狩り込みにあい、鉄格子の部屋に監禁された戦争孤児、伊藤幸男さん。

その後、施設の子どもたちの扱いを問題だと考えていたある職員から、逃げ出さないかと誘われた。誘ってきたのは品川博さんという当時30歳だった指導員。「子どもたちは好きで浮浪生活をしていたのではなく、戦争の犠牲者なのだ」という考えを強く持っていたという。

品川さんは、伊藤さんを含めた何人かの子どもたちを呼び、「ここを抜け出し、自分たちの理想の施設をつくらないか」と誘った。子どもたちは、みな抜け出せるなら抜け出したいと思っていたので、躊躇なく、脱走の誘いに乗ったという。

品川さんの頭にあったのは、当時NHKラジオで流れていたドラマ「鐘の鳴る丘」で描かれていたような、希望に満ちた施設だった。子どもたちを自分の故郷の群馬県前橋市に連れて帰

り、そこを拠点に施設をつくるための資金集めなどの準備を進めた。子どもたちも靴磨きや物売りなどの手伝いをしたという。

私が伊藤さんの存在を知るきっかけになった、上野の地下道で靴磨きをする伊藤さんたちを写した写真（P175）は、実はこのときの資金集めのための活動を撮影したものだった。当時、ユニークな運動として注目され、新聞社が撮影したようだ。

子どもたちの手を借りながら資金を集め、品川さんは「鐘の鳴る丘 少年の家」という施設を、群馬県大胡町につくった（現在は前橋市に移転）。そして、伊藤さんは、この施設で中学だけでなく、高校にも通わせてもらった。

施設を出た後は大学に通いつつ、ずっと憧れていたアメリカ留学を目指した。英語を身につけるため、米軍関係者が多く出入りするバーでアルバイトをして特別な授業を受けるなど、人なつっこさを活かして勉強を重ね、準備を進めた。そしてなんとかアメリカ大使館での面接も突破。22歳のとき、知人に紹介してもらったアメリカ軍将校に保証人になってもらい、留学するチャンスをつかんだ。

留学先は、アメリカ・ウィスコンシン州にあるローレンス大学。授業についていくだけで、苦労の連続だったという。

「私はローレンス大学で経済学を専攻することになったわけです。経済原論なる教科書を、生徒たちは読み込んで、それを、翌日のクラスの中で討議するわけですよ。

一晩で与えられる宿題っていうのは30ページですよね。アメリカ人たちは他の勉強が忙しくても、なんとか読めちゃうわけですよ。それで、読んだことは頭の中に入ってて、そして、翌日、弁舌たくましく、それらに対していろんな反論なんかもできる。

だけど私は、彼らに比べたらドングリですよ、もう、貝です。黙ってる。っていうのも、私が読めるのは、せいぜい1日に8ページ、一晩で。それも蛍の光じゃないけど、午前2時まで起きてて、辞書引きながら読み込んだとしても、なかなか頭の中に入っていかない。でも、それだけを気休めとして、憂鬱な気持ちで授業に出ていくわけです。もう、本当に悔しかった、悔しかったというか……」


ずっと憧れてきたアメリカでの留学生活。日本でできることは何でもやり、徹底的に鍛えあげたつもりだった英語力も、アメリカ人の学生でさえついていくために必死な授業では全く通用しない。語学力が大きな足かせとなり、ノイローゼになりそうなほど追い込まれたという。

しかし、伊藤さんはここでも反骨心を持って、自身の活路を見いだそうとした。

「次第に、彼らに対しての反抗心が出てきたんですよ。私が思うのには、彼らと同じ土台に立って、用意ドンでスタートして、それで比べてくれと、言いたい。

いつもみじめな思いで毎日を過ごしていると、いつまで経っても明るい希望が先に何もないような気がしてしまい、結局、自殺するとかなんとか。その当時、日本人の中でもいっぱいあったんですよ。

だから、そういう中で、私は何か明るい未来を描いて、それに向かっていけるものをつくらなくちゃならないと思って、結局、それがスペイン語だったわけですよ。学長に話を持っていったら、お前、英語で苦労してるのに、なんでスペイン語をやるかっていう話になったんだけど、どうしてもやりたいと伝えた。

彼らと対抗するためには何が一番いいかと考えたときに、同じ土俵で戦えるのがスペイン語だと。

で、スペイン語をとったら、私は与えられた宿題なんかその場ですぐ終わらせちゃって、寮まで持って帰らなくてもいいわけ。一方でアメリカ人の学生たちは苦労しているわけですよ、スペイン語の作文にしても何にしても。

そうするとね、彼らの目が、今度私に対して違ってくる。経済学では、日本から奨学金もらって留学してきたっていうけど、授業についていくことすらできていないという目で見られていた。ところがスペイン語のクラスに行くと、経済学では15分で答案用紙を書いて出ていって、Aもらってる奴が、苦労してるわけですわね。そこでは彼らと私は同じ立場に立てた。結果的にどういうことになってきたかというと、彼らの方から私に近づいてきて、今日出てきた、宿題のこういう作文の添削をしてくれないかと。私が喜んでやると、次に私が英語で苦労しているときに、お前、私の英語の添削をしてくれないかと言える。そういう関係ができてきたことで自信が持てた。そして希望が持てたということなんです」

勉強以外にも様々な困難があった。

1950年代のアメリカ中西部には、アジア人に対して寛容でない人たちも少なくなかった。ましてや伊藤さんは、戦争を戦っていた敵国、日本から来ていた。学校の食堂を切り盛りする係の人や町の床屋の店員から、露骨に嫌な態度をとられたことがあったという。そうした困難も、自分の強さへと変えて、伊藤さんはアメリカ社会に根を張っていった。

日本での就職は難しいと諦める

そして、4年間の猛勉強の末、昭和36年、ローレンス大学を卒業した。

アメリカの大学で学位を取得したら、それを武器に日本に凱旋し、就職しようと考えていた伊藤さん。しかし、その希望は、ある日系企業の駐在員の厳しい言葉を聞いて消えていった。

「あなたには両親がいない。両親がいてもいなくても関係ないことかもしれないけど、これは、日本の一つの慣習であって、どこそこのなになにっていう、ハクのつくような名家ならば、そこに越したことはない。しかし、日本の企業が人を雇うときに、必ず問うてくるのは両親のことだ。

だから、まあ、戦争というものがあって、そのために亡くなったということを言えば、それで済む話かもしれないけど、明治・大正時代に生まれた人たちの中には、わだかまりがあるんだということを、彼がはっきり言ってくれましたよ。それを聞いて私は本当に意気消沈して、ある意味では日本を諦めることになったんですよ」

アメリカ国籍を取得し、アメリカの高校教師に

その後、日本での就職を諦めた伊藤さんが、仕方なく選んだのが、ウィスコンシン州にあるフランクリン高校という公立学校での教師の仕事だった。担当するのは、大学で専攻したスペイン語。日本で生まれ育った戦争孤児が、アメリカに渡り、アメリカ人の生徒を相手に、スペイン語を教える。伊藤さんから最初にその話を聞いたときには、教えている科目を聞き間違え

たのではないかと思うほどで、私の想像をはるかに超えた話だった。

アメリカでの教師生活は、当初は、あまり楽しめなかったという。それでも、全力で生徒に向き合うことで、生徒からも同僚の教師からも信頼されるようになり、次第に情熱を持って取り組めるようになっていった。

そして、アメリカに来ておよそ10年が経った1968年には、国籍も変更し、アメリカ人として戦後を生きることを決めた。理由の一つが、学校の保護者からの暗黙のプレッシャーだったという。アメリカの公立学校で教師として生きていくには、アメリカ人になる必要があると覚悟を決めた。もちろん葛藤もあったという。

「日本国、そして日本人であることと形式的には離別しなくちゃならないのはつらいという思いがありましたよ……。だけど、二つの祖国を持つことになったんだと納得するようにしました。もうこれはしょうがないなと。もちろん生まれ育った国なので、日本は今後も絶対に沈めさせないという思いは、強く持ち続けています」

日本語教育を始め、日米の架け橋になる

アメリカ国籍を取得し、二つの祖国を持つことになった伊藤さんが、教師生活で力を入れる

ようになったのが、日本語を教えることだった。課外活動として有志の生徒に教え始めたところ、評判を聞きつけた生徒たちの間で希望者が増え、次第にその輪が広がり、ついには学校の正式な科目として認定された。そして、フランクリン高校だけでなく、周辺の高校にもテレビ電話を使って授業をするまでに拡大した。

「だんだんと、スペイン語の先生として一生をここで終わっていいのかと感じるようになりました。日本にルーツがあるのに、私は日本に対する貢献が何もできていないじゃないかと。そんなときに、日本語を教えてくれという要請があったことは、これは、日本の国のためにも役に立つし、アメリカ人やアメリカという国のためにもなるということで、やりがいがあるなと思いました。

確かに少し前まで敵国であったけれども、いまは平和な時代が来て、日本とアメリカは切っても切れない関係になった。それでもアメリカ人は日本のことを、分かっているようで分かってない部分が多分にあるなと感じていたんです。そこをどうやって理解させていくのかというときに、日本語教育が一番いいのではないかと。

言葉っていうのは、これは武器よりも強い、剣よりも強いという思いが、私のどこかにあったんだろうと思っています。ひいてはそれは、もう、二度と戦争をやるのはやめましょうねということにつながっていくのではないかと」

2018年10月、私は、伊藤さんが長年勤め、日本語教育も始めたアメリカ・ウィスコンシン州にあるフランクリン高校を、伊藤さんとともに訪ねた。

伊藤さんの運転する車で自宅から1時間ほど走ると、きれいな校舎が見えてきた。厳重なセキュリティチェックを受けて校内に入れてもらうと、伊藤さんはいつにも増して饒舌《じょうぜつ》にかつての職場を案内してくれた。地域の学校との各種対抗戦で盛り上がりを見せるという体育館や、伊藤さんが赴任して初めてもらった自分の教室などを、学校の歴史とともに詳しく教えてくれた。

そして、日本語の授業が行われている教室を訪ねると、20人ほどの生徒が学んでいた。この日は、伊藤さんがつくった授業のカリキュラムを引き継いで日本語を教えることになったアメリカ人の先生が、授業を行っていた。

授業が一段落すると、伊藤さんが教室の前方に招かれ、即席の特別授業が始まった。生徒に日本語で名前や趣味などを聞いて、日本語のレベルをチェックする伊藤さん。彼らの日本語力に合わせて、英語と日本語を交えながら、アメリカとの戦争で孤児となったことやその後の路上生活、そしてアメリカに渡った経緯など、熱弁を振るった。そして日本とアメリカの架け橋になる人材になってほしいと伝え、最後にこう訴えた。

「この日本語のクラスが、フランクリン高校でこの先もずっと続くことを願っています」

そう言うと、大きな拍手が教室いっぱいに響き渡った。伊藤さんの目からは、涙があふれそうになっていた。

様々な人種の生徒たちが学ぶアメリカの高校の教室で熱弁を振るう伊藤さん。その姿は、とてもたくましく、何か誇らしくも感じた。

グローバル化が進み、海外に日本人が出ていくのは日常的なことになったが、伊藤さんほどの覚悟を持ってアメリカ社会に入り込み、根を張って活躍してきた人は少ないのではないかと思う。

日米の架け橋になりたいと、アメリカでずっと力を尽くしてきた孤児の存在を多くの人に知ってもらいたいと思った。

「駅の子」たちのいま

町から消えていった「駅の子」

終戦から5年。1950年（昭和25年）になると世の中の雰囲気もだいぶ変わってきた。冷戦構造下、米ソの代理戦争ともいえる朝鮮戦争が勃発。これによって日本国内は特需にわき、復興はさらに加速していった。

それに合わせるかのように、この頃、各地の路上で目撃された孤児たちも、次第に姿を消していった。終戦時には小さかった子どもたちも、働き手として使われる年齢になったことが大きな理由だと考えられる。

彼らが町をさまよう姿が見られなくなると、人々の「戦争孤児」に対する関心も急速に失われていった。そして、今日にいたるまで、あまり注目されることはなかった。世間から忘れられた後も、決して癒えることのない心の傷を抱えて戦後も生きてきた戦争孤児たち。いま何を思うのだろうか。

亡き母への思いを伝える山田さん

戦争孤児となってから受けた冷たい仕打ちを、決して忘れることはできないという、山田清一郎さん。最近は、体調もすぐれないため、自身の経験などを伝える講演の依頼があっても、引き受けるのを控えているという。

2018年6月末、山田さんが最後にしようと思って引き受けたという、地元、埼玉県秩父郡小鹿野町で行われた講演会に特別に参加させてもらった。

孤児となってから野良犬のように扱われたという経験を、言葉に力を込めてふりしぼるように伝える山田さん。会場いっぱいに集まった人たちは、熱心に聞き入っていた。

そして、講演の最後に、山田さんは自ら持ってきたハーモニカを手にとり、あるメロディを吹き始めた。「浜千鳥」という、優しいメロディの童謡。空襲で亡くなった母が、子守歌としてよく歌ってくれたという。10歳で亡くした母の顔はいまではもうはっきりとは思い出せないが、母が歌ってくれたこの音色だけは、はっきりと体で記憶している。

演奏が終わると、山田さんは、おもむろに手紙を取り出した。亡き母に宛てて書いたものだという。静寂に包まれる会場で、山田さんが朗読し始めた。

〈お母さん、あのとき十歳だった、あなたの子どもは、いま、お母さんが亡くなった年をはるかにこえて生きています。でも、わたしはお母さんがいくつで死んだのか覚えていません。昭和二十年六月五日、神戸大空襲であなたが防空壕に生き埋めになってから、もう七十年以上も過ぎています。みんなと逃げこんでいた防空壕が、B－29の激しい焼夷弾攻撃で崩れ落ちてきたとき、あなたはわたしを助けるために、生き埋めになってしまったのです。今でも思い出すと、わたしは胸を締めつけられます。戦争孤児となったわたしは、同じ浮浪児の仲間と、戦後の荒れ果てたまちで、周囲の人から棒を持って、野良犬のように追われ、ばい菌のかたまりと呼ばれ、水をかけられ、ただ生きるためだけに生きてきました。それはまさに、野良犬にふさわしい、拾うか、もらうか、盗んで食うかの生き様でした。お母さん、あなたが命を犠牲にして守った我が子の、そんな哀れな姿を見たら、どんなに悲しむでしょうか。日本人の戦争孤児に対する仕打ち、心の冷たさは、今でも忘れません。戦争孤児施設を出て、社会に放り出されてからも、誰からの援助もなく、たった一人で生きていくのは、想像を絶する厳しいものでした。戦争が終わってわたしたち戦争孤児が生きていく闘いがはじまったのです。わたしが孤児になった十歳から、二十七歳で、教師として自立できるまでの十七年間、生きていてよかったと、思えるようなことはほとんどありませんでした。何よりもつらかったのは、自分には帰るふるさとがない。支えてくれる家族が誰もいない。たった一人という孤独感でした。何度も死を考えながら、それでも、とことん生きてやるという思いにさせてくれたのは、生き埋めになったままの、あなたの無念な思いに対して、「母さんここまで来たよ」と自分が生きてきた証を残したかったからです。わたしはその見えないあなたに支えられて、生きてきました〉

淡々と朗読する山田さん。静まりかえった会場からは、涙をすする音が聞こえていた。私も取材をしてきたいろいろな孤児たちの顔を思い浮かべながら、聞き入った。

手紙は、さらにこう続いた。

〈わたしはあなたを、偲ぶものは何ももっていません。一枚の写真さえ、残っていないのです。わたしの瞼にうかぶのは崩れ落ちた防空壕の残像と、あなたがよく歌ってくれた、あの浜千鳥の歌。それだけです。わたしは十一歳で神戸を出てから、まだ一度も故郷に行っていません。あの、防空壕がその後どうなったのか、わたしはわかりません。今も生き埋めのままなのだろうか。六月が来るたびに、その悲しさがよみがえり、わたしの戦後はまだ終わっていないのです。ありがとう、お母さん、あなたの子どもはここまで生きてきました。人はなくなると、天国へ行くといいますが、わたしにはあの防空壕が、天国につながっているとは思えません。あなたはまだ、あの防空壕の中ですか。受取人のない、書いても届かない、母への手紙〉

講演が終わった後の会場で、私たちは、山田さんの話を聞いた人から感想を聞かせてもらおうと、何人かにインタビューをした。その中には、偶然、中学校で山田さんが担任の先生だったという男性がいた。かつての先生の話を聞き何を感じたのか。尋ねると、声を出して泣きながらこう答えた。

「授業では先生が戦争孤児で苦労をしてきたことなど一度も聞いたことがなかったため、先生の指導の裏に、孤児としての苦労があったと思うと感慨深かった」

自分と同じように苦しんでいる子どもたちを助けたい

2019年1月、私は、山田さんから連絡をもらい、ある文書を受け取った。いじめが原因で子どもが自殺、それを隠蔽するかのような教育委員会の消極的な姿勢を伝えるニュースが話題となっているときだった。

いじめを苦に若者が自殺することに胸を痛め、自身の経験からいじめへの向き合い方をまとめてみたものだという。以下一部を紹介したい。

〈「いじめ」をされているあなたに……。今、もしあなたは不幸にして「いじめや差別」を受けて、悩み苦しんでいますか。そのいじめは、言葉ですか、それともいやがらせのような行動ですか。また、身体的な欠陥をなじるような言葉ですか……。

まず、いじめやイヤガラセは、相手が一人でする場合が非常に少ないということです。必ず、二人以上、中には数人の人達が、いじめやイヤガラセに加わっていることが多いようです。

そんな状況の中で、自分一人でどうしたら良いのか、どう向かっていけばいいのか、迷い苦しむことと思います。ではそんな時、自分はどうしたらよいのか。

言葉のいじめ、いやがらせには、言われた時それを黙って見逃さないこと。それがなにより大事です。

「うざい、きもい、くさい、ばか、ちび、こじき……」その他にも、もっとショッキングな言葉をあびせられることもあるかもしれません。そんなとき、言われて黙っていてはダメです。黙っていれば、必ず相手は調子に乗って、ますますエスカレートしてくるのは間違いありません。

「こいつは言いやすい、なにを言っても大丈夫だ……」と相手に思わせないことです。

言われたら、ののしられたら、その場で同じことを同じ言葉で強く相手に言い返すのです。そんなことをしたらまた言い返される、ケンカになる……などの心配はいりません。

相手はすでにあなたにケンカを仕掛けているのです。だから、こちらもそのつもりで、相手と「たたかう姿勢・態度」を見せるのです。

「きもい、うざい、きたない、くさい」と言われたら、そのままそっくり、「きもい、うざい、きたない、くさい」と、相手より強い口調で言い返すのです。

もっと、強い言葉を付け加えて言ってもいいのです。

相手が一人でないかもしれません、そんな時も、何人もの人に言うのではなく、相手一人にしぼって、その相手に集中的に言い返すのです。負けてはいけません。

自分が黙ってはいない、闘っているその強い姿勢を、いやがらせをしている相手に、態度で分らせるのです。相手に「こいつはうるさいぞ、なかなか手強いぞ」と感じさせるのです。そんな前向きで闘う姿勢があなたを守り、イヤガラセをやめさせることになります。絶対に相手に後ろを見せたり、「逃げの姿勢」をとるのはやめることです。

相手が複数でも恐れることはありません、何人いても自分が戦う相手は「こいつ」だと決めてそれに立ち向かっていくのです。「言われっぱなし、やられっぱなし」これが最悪です。自分をどんどん弱くし、谷底に自分を自分自身で落としてしまいます。

また、言葉ではなく、行動や態度で「いやがらせ」を受けたら言葉の時と同じように、そんなことをした相手に、同じ嫌がらせをし返してやるのです。物を隠されたら、相手の物をなんでもいいから隠すのです。取るのではなく隠してやるのです。取られたら取りかえすのです。仲間はずれにしようとしたら、夜にでも相手の家に行って、「なぜそんなことをするのか！なぜだ！」と強く抗議するのです。

自分はそんなことをされて「黙ってないぞ！」という闘う態度を相手や、その家族に行動で示すことです。

一歩後ろにさがったら、相手は二歩前に出てきます。あなたが一歩前に踏み出せば、相手は逆に二歩下がるかもしれません。下がらなければ、下がるまでしつこく踏み込んでいけばいいのです〉

文章は、この後、「いじめをしている人」に対してのメッセージ、そして「いじめられている子どもを持つ親」に向けたアドバイスと続く。「いじめから決して逃げてはいけない、正面から闘わなければならない」というメッセージだ。

こうしたアドバイスは、いじめられている子どもたちをさらに苦しめることもあるかもしれない。批判をする人も少なくないだろう。ただ、山田さんは突然、戦争孤児となり、自分を守ってくれる人は誰もいなくなり、自分で自分の身を守るしかなかった。そうした経験をしたからこそ、苦しんでいる子どもたちを助けたい、そういう思いでこの文章を書いたのだと思う。

この世の地獄を這い上がってきた山田さんだから、言う資格があると感じると同時に、このくらいの強さがなければ、戦争孤児として生き抜いてこられなかったのだろうと思った。

いつでも犠牲になるのは弱い人たち

伏見寮で黒羽先生のぬくもりに触れ、立ち直った小倉さん。その後、盲学校を卒業。24歳のときに結婚して、自宅でマッサージの治療院を開業した。小倉さんのマッサージの技術や人柄が評判になってお客さんが増え、大企業の社長や外科医なども通うようになった。人の役に立てていると実感できる、充実した時間を過ごすことができた。

しかし、幸せを取り戻したかのように見える小倉さんも、心に深い傷を抱え続けている。いまでも、夏が近づいてくると気分が不安定になることがあるという。特に、母が空襲で亡くなった7月になると、激しく気分がふさぎ込み、仕事も手につかなくなることがある。無残な姿で亡くなった母の記憶が蘇り、その後、孤児となって苦しんだことも思い出されてしまうのだという。

２０１８年の7月上旬、私は、鴨川沿いの河原で、小倉さんの近況を聞かせてもらっていた。話が戦争孤児のことになったのがきっかけだったと思う。次第に強い口調へと変わり、こう訴えた。

「ほとんどの孤児たちが、怒りをどこにぶつけていいか分からないでいるのだと思う。いや、僕だってぶつけたいこともあるんですよ、はっきり言って。だけどそれは言うことができない、言えない悲しさ……だから憤りだけが残ってしまう……。

親を取られて、それから親戚にも裏切られて、戦争によって僕たちは何を得たんですかね。それは、悲しみと怒りだけですよ。なんであんな戦争したんだって。それを訴えることのできない悲しさ。

いつでも犠牲になるのは弱い人たちじゃないですか。世の中ってそういうものじゃないですか、餓死していった孤児たちがいっぱいいたじゃないですか。それももう忘れてしまってるじゃないですか。戦災孤児がいたということさえも知らない人がものすごく多いんじゃないですか。

こじきをして物乞いをするって……誰もそんなことしたくなかったですよ。それしかもう方法がないんですよ。僕たちに何の責任があるんですかね。戦災孤児になったら、そのときだけでなくて一生それがつきまとう。あいつらは不良だって……」

突然、強い語気で訴えた小倉さんに対し、私は戸惑い、何も言えなかった。しばらくの沈黙ののち、それを察したのか、小倉さんが、「取り乱して悪かったな」と、軽く笑いながら言った。

いつも穏やかで明るく振る舞っている小倉さんだが、戦争によって突然親を奪われ、孤児となってからのいろいろなことで負った心の深い傷は、決して癒えていないことを突きつけられたような気がした。

母の墓前で嗚咽した小倉さん

そんな小倉さんには、亡くなった母のことを感じられる唯一の場所がある。敦賀市内にある母のお墓だ。定期的に墓参りに行っている。母の命日に墓参りに行く小倉さんに同行した。

京都から車でおよそ2時間。敦賀市内に着くと、生花店に寄ってお供え用の花を買い、そのまま市内にある墓地に向かった。立派な墓石が並ぶ墓地の一角に、小倉さんの母が眠る墓があった。しかし、墓といっても、〝普通〟のお墓ではなく、ただ小さい石を3つほど並べてつくった小さなお墓だった。

想像していたものとは違ったため、当初、私はそれをお墓だと認識できなかった。目の不自由な小倉さんが場所を間違えているのではないかとも思い、カメラマンとともに少し戸惑った。しかし、お経を上げるために来てくれた住職に確認してみると、間違いないということだった。

外出時に小倉さんの移動をサポートする支援者に手伝ってもらいながら、小さな墓石に水をかける小倉さん。「熱かったやろ、水をいっぱいかけたる」と言って何度も何度も水をかけた。

住職がお経を読み始めると、小倉さんは目を閉じ、小さなお墓に向かって頭を少し下げた。亡き母への思い……。小倉さんの表情は深い悲しみに満ちたものになっていくように見えた。そして、その思いに耐えきれなくなったのだろうか、お経だけが聞こえる静寂な墓地に、小倉さんの大きな嗚咽《おえつ》が響いた。それはまるで小さな子どもが泣き叫ぶような声だった。80代後半の小倉さんがこのように嗚咽するとは想像しておらず、とても驚いたことを覚えている。

この一連の小倉さんの様子は、まるでこうなることが分かっていたのではないかと思わせるほど見事に、カメラマンが記録してくれた。「駅の子」がいまでも抱える心の傷の深さの一端を表現した映像は、番組を象徴するシーンとなった。

墓参りを終えて少し落ち着きを取り戻した小倉さんに、母の墓前で何を思っていたのか尋ねると、こう言った。

「僕のことを本当に必死で考えてくれていたのはお袋だったと思いますよ。やっぱり、子どもたちにはお母さんのぬくもりが必要なんですよ。それがあって人生というのが始まるのだと思うな」

小倉さんを、母の代わりのようにそばで支えてきたのが、妻のまきゑさんだ。結婚して60年余り、マッサージの施術をする職場も兼ねた自宅で、ずっと二人で暮らしてきた。まきゑさんは、生まれながらに耳に障害があり、音が全く聞こえない。目が不自由な小倉さんと、お互いに助け合いながら生活してきた。

まきゑさんは8年前に倒れ、それ以降、自宅の介護用ベッドでほぼ寝たきりの状態が続くが、小倉さんは、自宅での介護を続けている。小倉さんの強い希望で、まきゑさんを施設には預けていないのだという。

「泣きたいときはいっぱいある、僕は目が見えないから。オムツを逆さまに入れちゃったりして大変だけど……。でもこれはしょうがない。これは僕の務めだと思っている。金もない、地位もない、こんな男にちゃんと一生を捧げてくれた人だから。

家族のぬくもり、その大切さを僕は嫌というほど知っているから、施設にはなるべく入れないでおきたい。うぬぼれているかもしれないけど、僕が見てあげなければって思ってる」

NHKスペシャルの後に放送したBS1スペシャル「戦争孤児」では、小倉さんがまきゑさんを介助しながら食事をとる様子も放送した。介護の専門家も、重度障害者である小倉さんが自宅で、重度障害のある寝たきりのまきゑさんを介護しているということは、常識では考えられないと驚いていた。

「ぬくもり」のありがたみを誰よりも知っているがために、どんなに苦労があったとしても、まきゑさんと一緒に暮らすことを選ぶ小倉さん。まきゑさんにさみしい思いをさせるわけにはいかないと言うが、小倉さんにとっても、まきゑさんの「ぬくもり」が何よりも大切なのだろう。自宅に毎日配達される弁当を、まきゑさんと二人で楽しそうに食べる小倉さんを見て、そんなことを感じた。

月に一度来日しておにぎりを食べる伊藤さん

2018年の9月下旬。成田空港第1ターミナルの北到着ロビーに、アメリカに渡った戦争孤児、伊藤幸男さんの姿があった。最近、特別な用事がなくても、月に一度、1週間程度、日本を訪れるようになっているという。伊藤さんのアメリカ国籍のパスポートは、日本の入国スタンプで埋め尽くされていた。

伊藤さんの自宅から一番近い、ウィスコンシン州のミルウォーキーにある空港から日本への直行便はないため、デトロイトで乗り継ぎ、フライトは片道15時間近くに及ぶ。80代の伊藤さんにとって決して楽な移動ではないが、日本に来ることで生きていく活力が充電されるのだというう。

都内にあるビジネスホテルを定宿とし、散歩をしたり、知り合いに会ったりとのんびりして過ごす。電車やバスに乗り、自然と耳に入ってくる「日本語」を聞くことも楽しみの一つだという。

「自分の心が安らぐのが、日本で電車に乗っているときなんです。みんな日本語で会話していますよね。日本語で話しているのを聞くだけでも、私は心の安らぎを感じる。アメリカでは、その安らぎを得るのは絶対にないことなんです。そんなときに、日本は祖国であり本当に愛する国だということをつくづく思うわけですよ。

だから、肉体的に動けなくなったらどうにもなりませんけど、動くことができる間は、日本に定期的に来ることを続けていきたいんです。極端なことを言えば、三食食べるところを一食にして金銭的に節約しなくてはいけないとしても、やっぱり日本に帰ってきたいという思いを持っているんですよ」

故郷、日本への思いは、年を重ねるごとに、ますます強くなっているという。そんな伊藤さんが、日本滞在中に一番楽しみにしているのは、コンビニのおにぎりを食べることだ。

私が取材で同行していた日も、滞在しているホテルのすぐ横にあるコンビニで、梅のおにぎりを買ってホテルの部屋で食べていた。数ある日本の食べ物の中でも、おにぎりが一番なのだという。

「おにぎりは、ああ故郷に帰ってきたなあっていう思いにさせてくれますね。昔は食べられなかったじゃないですか。こんな白米なんて手に入れるのが難しかったわけですから。だから、そういう意味においても、いまの私の郷愁っていうのは、やっぱり白米なんですよ。そして一番好きなのがこの梅のおにぎり。おにぎりイコール日本の心ですよ」

この路上に孤児がたくさんいたことを忘れないでほしい

日本に帰国中の伊藤さんに半日をもらい、かつて靴磨きをしていた有楽町から銀座までを一緒に訪れた。PXと呼ばれた進駐軍の購買施設があった、銀座四丁目交差点にある銀座和光の前にさしかかると伊藤さんが言った。

「この辺に建物に沿って、こんな大きなパイプが、換気扇みたいなのがこういう風に出てるわけですよね。だから、そこへ行ってにおいを嗅ぐと、ほのかな甘いドーナツのにおいがする。毎日、確実に収入を得られるわけじゃなくて、それこそ、2日も3日も食べるものがないというときでも、そこへ行って、においだけで、なんていうんですか、腹を満たすというようなこともやったことはありますよ」

和光のショーウィンドウの前のスペースに腰をかけると、伊藤さんは、いろいろと思いをめぐらせているのか、辺りを見回していた。記憶が蘇ってきているようだった。

「本当に60年ぶりですよ、私もここに座ったのは。ああ、ここであいうことがあったな、こうだったなあという思い出が、自分の脳裏で駆けめぐってますよ。

これは誰にも言ったこともなかったし、いま思い出したことなんですけど、当時、ここに座って何もやることがなくて、時間をつぶすために人の動きを見ていたじゃないですか。そうすると、親子連れで、母親が子どもの手を握って歩いているんですよ。そういうのを見ていると、なんか無性に憎たらしいような気持ちになって、つい、石ころをぽんと投げてみたりしたもんですよ。

やっぱりその子の立場と比べたときにね、自分がなんかみすぼらしく感じてしまうというか、そういった、反逆的な行為をしたこともありましたね」

昔と変わらず華やかな銀座。かつてここに戦争で親を失い、楽しそうに歩く親子連れを見ては、悔しい思いをしていた戦争孤児たちがいた。そのことがもはや完全に忘れられてしまったことに、伊藤さんはさみしさと焦りを感じていた。

「若者たちは実際に見たわけじゃないし、話を聞く機会ももう、そんなになくなってしまってきているということに、ある意味での焦燥感を持つんですよ。

孤児が路上にたくさんいた、そういう時代があったということは、やっぱりこれから日本人として育っていく人たちの脳裏にとどめておいてもらいたい。

そして二度と戦争を起こさないという、そういう思いを持っていますよね」

エピローグ

――取材を終えて

ブレイクスルーとなった小倉さんとの出会い

4年にわたって続けてきた「駅の子」の取材は、いま振り返ってみると、少し進展しては行き詰まる、そんなことの繰り返しだった。協力してくれる人がなかなか見つからず、途中で諦めそうになったことも一度や二度ではない。

その一方で、取材が大きく進展するブレイクスルーも何度かあった。その一つが、本書でも紹介した全盲の戦争孤児、小倉勇さんとの出会いだった。小倉さんの協力がなかったら、番組はかなり違ったものになっていたのではないかと思っている。

小倉さんと出会うまでに話を聞かせてくれた方々も、私の長時間にわたる取材に丁寧に付き合って、それぞれの経験を記憶の限り証言してくれた。ただ、70年以上も前の経験については、記憶が断片的であったり、もはやうろ覚えとなってしまっている人も少なくなかった。

そんな中、小倉さんの記憶力は抜群だった。生まれつき記憶力が良いのはもちろん、視力をほとんど失ってから、その能力が研ぎ澄まされていったのだろうか。たとえば、幼少期に母と過ごした福井県敦賀市の生家の様子やその周辺の町並みを、一軒一軒再現することができた。それは、まるで写真を見ながらしゃべっているのではと思ってしまうほどだった。そのあまりの細かさに、思わず本当かと疑ってしまったことさえあったが、実際に当時の地図を参照しながらあらためて話を聞くと、非常に正確だったことに再び驚かされた。

この〝特殊な〟能力によって、当時の状況について膨大な情報を得ることができた。「駅の子」になってからの日ごとの行動、大阪や上野など当時寝泊まりをしていた駅の様子、闇市の雰囲気、孤児たちの服装、日々の食料事情、狩り込みで連れていかれた施設の様子などについて根掘り葉掘り質問をすると、それらすべてについて細かく教えてくれた。

小倉さんから得られた具体的な情報を、他の孤児に伝えると、それをきっかけに記憶が蘇ってきて、新たな証言につながるということもあった。こうしたことを繰り返したことで、戦争孤児たちが置かれた当時の状況を、より深く理解することができた。

そして、小倉さんが優れていたのは、記憶力だけではなかった。当時、子どもたちは、どんな思いを抱いて日々を過ごしていたのか。取材で一番知りたかった「駅の子」たちの当時の心の内について、自分の言葉で分かりやすく表現することにも極めて長《た》けていたのだ。

小倉さんから証言を得るまでは、当時の子どもたちの置かれた状況から、彼らの心の内を推測しただけで、分かったような気になっていた。しかし、小倉さんが抱いていた社会への憤りは、私が思っていたレベルをはるかに超えていた。自分たちを怖い、汚い存在だと見て近づいてもこない大人たちに対し、「これから社会に一生たてをついて生きていこう」と覚悟を決めるほどの不信感を募らせていたとは、想像もしていなかった。

時代の空気の大きな変化

小倉さんの記憶力や表現力によって、取材を進める中で生じていた疑問の多くも解消されていった。

その一つが、どうして子どもたちは身を寄せていた親戚の家などを、あてもなく飛び出してしまうのか、ということだった。なぜ、屋根のあるところで、布団の上で寝ることのできる親戚宅や保護施設を逃げ出してしまうのか、本当のところ、よく分からない部分もあった。死の恐怖と隣り合わせの路上生活よりは、多少自由が制限されて窮屈であっても、親戚宅や施設の方がマシなのではないかとも思えたからだ。

実際に、最近、映画『火垂るの墓』がテレビで放送されると、SNSでは、兄・清太と妹・節子の置かれた境遇に同情する声が上がる一方で、「自らの判断で親戚の家を飛び出したのだから、路上生活で苦しんでもそれは彼らのせいだ」「路上生活して野垂れ死んでも自業自得だ」という意見が目立った。自分たちの「わがまま」によって起こった悲劇であるという、流行の言葉で言えば「自己責任論」を訴える声が大きくなっているのだ。

しかし、小倉さんから、親戚にされた冷たい仕打ちやそのときの気持ちなどを詳しく聞いた後には、私の中では「自己責任論」のような考えはなくなっていた。そして、小倉さんたち「駅の子」が闘っていたのは、まさにこうした「自己責任論」を前提とするような社会からの冷たい視線だったのだと思うようになった。
映画『火垂るの墓』をめぐる自己責任論については、高畑勲監督の映画公開時（1988年）のインタビューが、まるで30年後の日本を予見しているかのようだと話題になった。

〈自己責任の賛否を巡るネット上の応酬の中で脚光を浴びたのが、公開当時に「アニメージュ」誌（徳間書店）に掲載された高畑監督のインタビュー記事だ。監督は「心情的に清太を分かりやすいのは時代の方が逆転したせい」と語る。清太の行動は現代的で、戦争時の抑圧的な集団主義の社会から「反時代的な行為」で自らを解き放とうとしたと、観客が共感できると考えていたとうかがえる。一方で、こう続ける。「もし再び時代が逆転したとしたら、果たして私たちは、いま清太にもてるような心情を保ち続けられるでしょうか。全体主義に押し流されないで済むのでしょうか。清太になるどころか、（親戚のおばさんである）未亡人以上に、清太を糾弾することにはならないでしょうか、ぼくは恐ろしい気がします」〉

（朝日新聞2018年4月22日朝刊）

映画が公開されたのは、戦争が終わってから40年ほど経った1988年。当時は、つらい仕打ちに耐えられずに、親戚宅を飛び出して、妹と二人で路上生活をする清太に対して同情する観客がほとんどだったのだろう。しかし、そうした見方も決して絶対的ではなく、「時代の空気」によるものなのだと、高畑監督は当時から意識していたのだ。

そしていま、まさに監督が予見していたように、清太たちが親戚宅を飛び出し、子どもたちだけで暮らし始めたのは、忍耐を放棄した自分勝手でわがままな行動であって、きょうだいが二人とも亡くなるという悲惨な結末も、自業自得だと捉える見方が出てきている。

時代の空気は確実に変化する。そのあまりにも大きな流れは、日常生活の中では見えにくいものの、ゆっくりとかつ大胆に変わっていく。

今回、小倉さんが、これまで自分の中だけに留めてきた、戦争孤児としての経験を証言しようと考えた背景にも、「時代の空気」の大きな変化を感じ取ったことがあったのではないかと思う。

苦しんでいる子どもはいまもいる

番組で証言を紹介したことをきっかけに、小倉さんは、いま、高校や大学、地元のイベントなどに招待され、自身の経験について講演する機会を持つようになっている。

母を突然奪った敦賀の空襲の悲惨さ、親戚宅で身内に邪魔者扱いされることのつらさ、仲間との長期にわたる路上生活、友の自殺、施設での恩師との出会いなどを、涙ながらに語る小倉さんに、若者から高齢の方まで、参加者たちは熱心に聞き入る。

しかし、小倉さんが伝えようとしているのは、戦争孤児たちが終戦後も苦しんでいたことだけではない。講演の最後に、小倉さんがいつも話すことがある。

「いまでも苦しんでいる子どもがたくさんいるんですよ。困っている子どもがいるんです。そんな子どもたちに、声でもいいからかけてあげてほしい。人は出会いによって変わってくるんですから……」


いまこの瞬間にも、苦しんでいる子どもたちが各地にいる。大人たちはそこに目を向けてほしい、そして声をかけるだけでもいいから関わってほしい、というお願いだ。

取材を始めた当初は、子どもたちが置かれた悲惨な状況を浮き彫りにすることで、戦争の悲劇を伝える番組になるだろうと当然のように考えていた。しかし、小倉さんへの取材を続ける中で、当時、戦争孤児たちが、社会や大人たちに強い不信感を持つようになったことを知っていくと、伝えるべきは、それだけではないのではないかと思うようになっていった。

いまも、いじめや不登校、虐待、子どもの貧困など、新聞やテレビで日常的に報道されているように、この瞬間にも、いろいろな困難を抱え、苦しんでいる子どもたちがいる。彼らはいま、かつて戦争孤児たちが感じていたような、絶望的な孤立感に傷つき、助けてくれる大人などいないと不信感を持っているのではないか。

行政からしたら、当時もいまも、子どもたちに対して支援の策は用意しており、決して何も対応していないわけではない、ということになるのだろう。しかし、かつての戦争孤児たちに、行政が用意した支援策が本当の意味では届かなかったように、いま困っている子どもたちにも、実効的な支援が十分に届いていないのではないか。小倉さんへの長期にわたる取材は、そういう視点が発見されていくプロセスでもあった。

振り返ってみると小倉さんの子どもへのまなざしが、とても温かかったことが思い出される。たとえば、外での取材中に偶然保育園の前を通りかかり、敷地から子どもたちが元気良く遊ぶ声が聞こえると、「子どもの声が聞こえる、ええやん」と笑顔でつぶやいたことがあった。

また、NHKスペシャルの放送後、私の長女が無事に生まれたことを報告すると、「良かったなあ、良かったなあ、大切にしなきゃいけない」と言ってとても喜んでくれた。その後もことあるごとに、「赤ちゃんは元気か」と気にしてくれる。

自分と同じような孤独感を、子どもたちには絶対に経験させてはいけない。それがいまを生きる、大人の責任なのだから。取材を終えたいま、小倉さんが伝えようとしていたのは、そんなことだったのではないかと感じるようになっている。

いまの時代に生まれてきたことの責任を感じながら、そして、「伝える」仕事に就いていることの責任を感じながら、これからの仕事にも臨んでいきたいと思う。

あとがき　東條充敏

いまから5年前、戦後70年という節目の年、当時30歳になったばかりの中村ディレクターが、ある企画書を持ってきた。駅で暮らした戦争孤児のドキュメンタリー番組を制作したいというのだ。

私は東京大空襲で甚大な被害を受けた江東区深川の出身。本書に出てくる金子トミさんや渡辺喜太郎さんが、子どものときに暮らしていた地域のすぐ近くだ。自分の親も孤児になる可能性があったと思って、この話を身近に感じたことを覚えている。

さらに、孤児が12万人もいたこと、児童養護施設のスタートが実は戦争孤児たちを保護するためだったことを知り、大きな社会問題であったことも実感した。しかし、証言は少なく、実態もほとんど分かっていないという。子どもたちに何があったのか、知りたいと強く思った。

取材は簡単ではなかった。多くの孤児にとっては思い出したくもない過去だ。中村ディレクターは粘り強く取材を重ね、少しずつ、話をしてくれる人が見つかるようになった。そして見えてきた「駅の子」たちの実態。プロデューサーとして番組制作に携わってきて、今回ほど一人一人の言葉に驚かされ、その言葉を、なんとしても伝えていかなければならない、と思ったことはなかったように思う。

「上野で過ごしたっていうことだけは言えなかったです。言わなかったですね。怖いっちゅう思いでね。こんな女をもらったのかと思われるのがつらくて……」。88歳になる金子トミさんは、「言わなかった」と発した後に、口に手をあてながら話を続けた。言ってはいけないことを言ってしまった、でも、言わないといけない、その葛藤が映像からひしひしと伝わってきた。金子さんは戦争に親を奪われ、飢え死にの恐怖にさらされた被害者だ。それなのに、ずっと負い目を感じ、自分の過去を隠して生きてきた。なんという理不尽さか。

取材対象者の中ではもっとも長く、2年以上にわたって「駅の子」を続けた小倉勇さん、86歳。母の墓前で声を上げて泣く姿に衝撃を受けた。そして、その言葉は全く、私の想像を超えたものだった。「子どもたちはみんな飢えていた。何に飢えていたかというと、もちろん食べ物には飢えていた、着るものもなくて毎日寒かった。だけど本当にほしかったのはぬくもりなんですよ」。戦争の悲劇、そして戦争への怒り……ただ根底には、大人が、傷ついた子どもたちにどう接するべきかという、現代にも共通する普遍的なテーマがあることに気づかされた。

こうした「駅の子」たちの言葉は、多くの視聴者の心を動かした。関西での最初の放送から足掛け3年、7回にわたって放送を出したが、「大人は何をしていたの？　と心から悲しくなりました」「生き残った人も何十年も苦しめられ、こんなに悲惨なことはないと思いました」「多くの人に見てほしい。思い出したくないことを語ってくださった方々に感謝します」といった感想が、直筆の手紙やはがきで次々と寄せられた。これだけ多くの感想が届いた番組も、過去に記憶がない。

番組は2018年度のギャラクシー賞でテレビ部門の「選奨」に選ばれた。「本作は政府の無策を糾弾する以上に、彼らを見捨てたのは我々市民だったという事実を突きつけます。太平洋戦争の理解に新たな視点を提供する、戦争特番の新機軸です」という言葉をいただいた。

私たちは番組を制作する際に、話にどんな新しさやスクープ性があるのか、演出をどう工夫すればスペシャル感が出るのか、日々こだわり、考え続けている。しかし、「言葉」のリアリティは、思いつきの演出などほとんど意味がないのではと思えるほど、視聴者に届くことを実感した。勇気を出して、そしてつらい思いを飲み込んで証言してくださった「駅の子」のみなさんに、あらためてお礼を申し上げたい。

戦後、75年が経つ。まだ知られていないこと、語られていないことはたくさんあるはずだと思う。そのことは、現代の様々な問題とも「地続き」のはずだ。人間はそんなに変わらない。

「孤児たちが、浮浪児がいたら、そこで何か周りでね、温かい手を差し出しているはずなんだよね、だから、日本人というか、人間は、案外そういう冷たさを持っているんじゃないかと思うけどね」……野良犬のような扱いを受けたという山田清一郎さん（83歳）の言葉だ。

もはや日本では起こり得ない過去の話ではなく、いまだからこそ伝え、そして学ぶ意味があると考えて、あの時代を見つめていきたい。

――「〝駅の子〟の闘い」「戦争孤児」制作統括／ＮＨＫ大阪拠点放送局報道部専任部長

参考文献

『問題児』小林文男／民生事業研究会
『養育院八十年史』東京都養育院
『養育院百年史』東京都養育院
『梅田厚生館①〜③』五十嵐兼次
『養護施設30年』全社協養護施設協議会
『なはをんな一代記』金城芳子／沖縄タイムス社
『火垂るの墓』野坂昭如／新潮社
『占領期の福祉政策』村上貴美子／勁草書房
『千人の孤児とともに』久保喬／ＰＨＰ研究所
『全国戦災史実調査報告書　昭和56年度・昭和57年度』社団法人日本戦災遺族会
『白いからけし』立木喜代乃
「地下道から十年」永井萌二／「文藝春秋」１９５５年4月号
『児童　特集：児童福祉法施行五周年記念』第十号／厚生省児童局監修
『占領期における社会福祉資料に関する研究報告書』財団法人社会福祉研究所
『戦争って何さ——戦災孤児の戸籍簿』中村健二／ドメス出版
『生きてゐる　上野地下道の実態』大谷進／悠人社

『社頭の感激』各都道府県の軍人援護会発行
『浮浪児1945－ 戦争が生んだ子供たち』石井光太／新潮社
『手塚治虫と戦災孤児』菅富士夫／中井書店
『焼け跡の子どもたち』戦争孤児を記録する会／クリエイティブ21
『孤児たちの長い時間』創価学会婦人平和委員会編／第三文明社
『東京大空襲と戦争孤児』金田茉莉／影書房
『戦後の貧民』塩見鮮一郎／文藝春秋
『戦争孤児と戦後児童保護の歴史』藤井常文／明石書店
『シリーズ戦争孤児 ①戦災孤児――駅の子たちの戦後史』本庄豊編／汐文社
『「写真週報」とその時代』（上下）玉井清編著／慶應義塾大学出版会
『靖国の子』山中恒／大月書店
『銃後の社会史』一ノ瀬俊也／吉川弘文館
『渡辺喜太郎一代記 人の絆が逆境を乗り越える』渡辺喜太郎／ファーストプレス
『俺たちは野良犬か！』山田清一郎／郁朋社
『奈落』熊谷徳久／展望社
『日本を走った少年たち』村上早人／総合法令出版

番組制作スタッフ

NHKスペシャル
「〝駅の子〟の闘い～語り始めた戦争孤児～」
2018年8月12日放送

資料提供　アメリカ公文書館／国立公文書館
朝日新聞社／毎日新聞社
積慶園／展望社／石川光陽
川崎泰市／菊池俊吉
取材協力　国立広島原爆死没者追悼平和祈念館
京成電鉄／板橋孝太郎／金田茉莉
斉藤利彦／内藤博一／中川高志
藤井常文／本庄　豊／矢部広明
矢部正治
語り　柴田祐規子／井上二郎
声の出演　青二プロダクション
出演　川上広高／西巻大祐
田幡夏希／宮原　和

BS1スペシャル
「戦争孤児～埋もれてきた〝戦後史〟を追う～」
2018年12月9日放送

語り　遠藤憲一／柴田祐規子
資料提供　アメリカ公文書館／国立公文書館
朝日新聞社／毎日新聞社
石川光陽／川崎泰市／菊池俊吉
取材協力　国立広島原爆死没者追悼平和祈念館
京成電鉄／同胞援護婦人連盟
秋山智久／板橋孝太郎／金田茉莉
斉藤利彦／中川高志／藤井常文
本庄　豊／矢部広明／矢部正治
声の出演　青二プロダクション
出演　川上広高／西巻大祐
田幡夏希／宮原　和
アヴァンセ／エンゼルプロダクション

アヴァンセ／エンゼルプロダクション
クラージュ・キッズ
スペースクラフトジュニア
テアトルアカデミー
深谷フィルムコミッション
ＮＨＫ東京児童劇団

撮影　米津誠司
照明　加藤博美
音声　成瀬真司／阿部晃郎
映像デザイン　加藤隆弘
ＣＧ制作　吉田まほ
映像技術　徳久大郎
リサーチャー　中居重信／ウィンチ啓子
再現パート演出　佐古純一郎
音響効果　米田達也
編集　金田一成
ディレクター　中村光博
制作統括　東條充敏

クラージュ・キッズ
スペースクラフトジュニア
テアトルアカデミー
深谷フィルムコミッション
ＮＨＫ東京児童劇団

撮影　米津誠司
照明　山下　潤
音声　成瀬真司／城　賢一郎
映像デザイン　加藤隆弘
ＣＧ制作　吉田まほ
映像技術　加藤裕也
リサーチャー　窪田啓一郎／ウィンチ啓子
再現パート演出　佐古純一郎
音響効果　米田達也
編集　金田一成／杉山雅志
ディレクター　中村光博／中居重信
制作統括　東條充敏

著者略歴

中村光博
なかむらみつひろ

一九八四年、東京都生まれ。
二〇一〇年、東京大学公共政策大学院修了後、
NHK入局。大阪放送局報道部、
ニュースウオッチ9、国際番組部などを経て、現在、社会番組部ディレクター。
「クローズアップ現代+」や「NHKスペシャル」などを制作。
主な担当番組に「NHKスペシャル」の
「都市直下地震　20年目の警告」、
「〝駅の子〟の闘い～語り始めた戦争孤児～」
(2018年度ギャラクシー賞・選奨受賞)、
「BS1スペシャル」の
「激動の世界をゆく　世界は北朝鮮をどうみるか」
「戦争孤児～埋もれてきた〝戦後史〟を追う～」などがある。

幻冬舎新書 580

「駅の子」の闘い

戦争孤児たちの埋もれてきた戦後史

二〇二〇年一月三十日 第一刷発行

著者 中村光博

発行人 志儀保博

編集人 小木田順子

編集者 小木田順子

発行所 株式会社 幻冬舎

〒一五一－〇〇五一 東京都渋谷区千駄ヶ谷四－九－七

電話 〇三－五四一一－六二一一（編集）

〇三－五四一一－六二二二（営業）

振替 〇〇一二〇－八－七六七六四三

ブックデザイン 鈴木成一デザイン室

印刷・製本所 中央精版印刷株式会社

検印廃止

Printed in Japan ISBN978-4-344-98582-7 C0295

な-26-1

幻冬舎ホームページアドレス https://www.gentosha.co.jp/

＊この本に関するご意見・ご感想をメールでお寄せいただく場合は、comment@gentosha.co.jp まで。

幻冬舎新書

半藤一利
歴史と戦争
幕末・明治維新からの日本の近代化の歩みは、戦争の歴史でもあった。過ちを繰り返さないために、私たちは歴史に何を学ぶべきなのか。八〇冊以上の著作から厳選した半藤日本史のエッセンス。

小林よしのり　宮台真司　東浩紀
戦争する国の道徳
安保・沖縄・福島
日本は戦争する国になった。これは怒ることを忘れ、日米安保に甘えた国民の責任だ。しかし、今度こそ怒りつづけねばならない。日本を代表する論客三人が共闘することを誓った一冊。

辻田真佐憲
大本営発表
改竄・隠蔽・捏造の太平洋戦争
日本軍の最高司令部「大本営」。その公式発表は、戦果を5倍、10倍に水増しするのは当たり前。恐ろしいほどに現実離れした官僚の作文だった。今なお続く日本の病理。悲劇の歴史を繙く。

宮本太郎＋BSフジ・プライムニュース編
弱者99%社会
日本復興のための生活保障
生活保護者数２０５万人、完全失業者数３３４万人……これらは「格差限界社会」の序章に過ぎず、もはや一刻の猶予も許されない。社会保障改革へ、有識者達による緊急提言。